AF457542

UN INTERPRÈTE
DU GÉNÉRAL BRUNE
ET LA FIN
DE
L'ÉCOLE DES JEUNES DE LANGUES

PAR HENRI CORDIER
MEMBRE DE L'INSTITUT

EXTRAIT
DES MÉMOIRES DE L'ACADÉMIE DES INSCRIPTIONS ET BELLES-LETTRES
TOME XXXVIII, 2e PARTIE

PARIS
IMPRIMERIE NATIONALE

LIBRAIRIE C. KLINCKSIECK, RUE DE LILLE, 11

MDCCCCXI

TIRAGES À PART

DES

PUBLICATIONS DE L'ACADÉMIE DES INSCRIPTIONS ET BELLES-LETTR

EN VENTE

À LA LIBRAIRIE C. KLINCKSIECK, RUE DE LILLE, 11, À PARIS.

AMÉLINEAU (E.). Notices des manuscrits coptes de la Bibliothèque nationale renfermant des textes bilingues du Nouveau Testament, avec six planches (1895)................ 4 fr. 70

BABELON (E.). La théorie féodale de la monnaie (1908)........................ 3 fr. 20

BABIN (C.). Rapport sur les fouilles de M. Schliemann à Hissarlik (Troie), avec deux planches (1892)......................... 2 fr.

BARTHÉLEMY (A. DE). Note sur l'origine de la monnaie tournois (1896).............. 0 fr. 80

BERGER (Ph.). Mémoire sur la grande inscription dédicatoire et sur plusieurs autres inscriptions néo-puniques du temple d'Hathor-Miskar à Maktar (1899)..................... 4 fr.

— Mémoire sur les inscriptions de fondation du Temple d'Esmoun à Sidon (1902)... 3 fr. 20

BERGER (S.). Notice sur quelques textes latins inédits de l'Ancien Testament (1893). 1 fr. 70

— Un ancien texte latin des Actes des Apôtres, retrouvé dans un manuscrit provenant de Perpignan (1895)...................... 2 fr.

— Les préfaces jointes aux livres de la Bible dans les manuscrits de la Vulgate; mémoire posthume (1902)...................... 3 fr. 50

CAGNAT (R.). Les bibliothèques municipales dans l'Empire romain (1906)........... 2 fr. 10

— Les deux camps de la légion IIIe Auguste à Lambèse, d'après les fouilles récentes (1908). 4 fr.

CARRA DE VAUX (Baron). Le livre des appareils pneumatiques et des machines hydrauliques par Philon de Byzance, édité d'après les versions arabes et traduit en français (1902) .... 8 fr. 50

CARTON (D^r^). Le théâtre romain de Dougga, avec dix-huit planches (1902)............ 10 fr.

— Le sanctuaire de Tanit à El-Kénissia (1906) .... 9 fr. 20

CHABOT (Abbé J.-B.). *Synodicon orientale*, ou Recueil de synodes nestoriens (1902).... 30 fr.

CHAVANNES (Éd.). Dix inscriptions chinoises de l'Asie centrale, d'après les estampages de M. Ch.-E. Bonin (1902).............. 6 fr.

CORDIER (H.) Un interprète du général Brune et la fin de l'École des Jeunes de langues (1911) .... 4 fr.

CROISET (Maurice). Observations sur la légende primitive d'Ulysse (1910)............ 2 fr.

CUMONT (Franz). La théologie solaire du paganisme romain (1909)................... 1 fr. 70

CUQ (Éd.). Le colonat partiaire dans l'Af maine, d'après l'inscription d'Henchi (1897)........................

DELABORDE (H.-F.). Les inventaires du T chartes dressés par Gérard de (1900)........................

DELISLE (L.). Notice sur un psautier latin du XIIe siècle (ms. latin 1670 des acquisitions de la Bibliothèque nation fac-similé (1891)................

— Anciennes traductions françaises du Pétrarque *sur les remèdes de l'une et l'a tune* (1891)....................

— Notice sur la chronique d'un anon Béthune du temps de Philippe (1891)........................

— Fragments inédits de l'histoire de Loui Thomas Basin, tirés d'un manuscrit tingue, avec trois planches (1893)..

— Notice sur les manuscrits originaux d'Ad Chabannes, avec six planches (1896).

— Notice sur la chronique d'un domin Parme, avec fac-similé (1896)......

— Notice sur un livre annoté par Pétrar latin 2201 de la Bibliothèque nationa deux planches (1896)............

— Notice sur les Sept psaumes allégorisés d tine de Pisan (1896).............

— Notice sur un manuscrit de l'église de L temps de Charlemagne, avec trois (1898)........................

— Notice sur une *Summa dictaminis*, jadis co à Beauvais (1898)...............

— Notice sur la Rhétorique de Cicéron, par maître Jean d'Antioche, avec deu ches (1899)....................

— Notice sur un registre des procès-verba Faculté de théologie de Paris, penc années 1505-1533 (1899).........

— Notice sur les manuscrits du «Liber Fl de Lambert, chanoine de Saint-Omer ....

— Le livre de Jean de Stavelot sur saint (1908)........................

— Enquête sur la fortune des établissem l'Ordre de Saint-Benoît en 1338 (1910

DELOCHE (M.). Saint-Remy de Provence au âge, avec deux cartes (1892)......

— De la signification des mots *pax* et *ho* les monnaies béarnaises et du *s* barré jetons de souverains du Béarn (1893).

UN INTERPRÈTE
DU GÉNÉRAL BRUNE
ET LA FIN
DE
L'ÉCOLE DES JEUNES DE LANGUES

UN INTERPRÈTE
DU GÉNÉRAL BRUNE
ET LA FIN
DE
L'ÉCOLE DES JEUNES DE LANGUES

PAR HENRI CORDIER

MEMBRE DE L'INSTITUT

EXTRAIT
DES MÉMOIRES DE L'ACADÉMIE DES INSCRIPTIONS ET BELLES-LETTRES
TOME XXXVIII, 2E PARTIE

PARIS
IMPRIMERIE NATIONALE

LIBRAIRIE C. KLINCKSIECK, RUE DE LILLE, 11

MDCCCCXI

UN INTERPRÈTE
DU GÉNÉRAL BRUNE
ET LA FIN
DE
L'ÉCOLE DES JEUNES DE LANGUES.

Le nom d'« enfant » ou de « jeune de langues » est la traduction du turc دل اوغلان *dil-oghlan* (langue) (jeune de). Ces enfants de langues étaient destinés à servir de drogmans dans les Échelles du Levant. Dans un mémoire fort intéressant, M. Frédéric Masson a retracé en quelques pages[1] l'historique de cette curieuse institution; de nouveaux documents vont me permettre de compléter et de développer son travail, en même temps qu'ils me donneront l'occasion de décrire la carrière d'un des Jeunes de langues qui a joué un rôle assez peu connu dans nos négociations dans les pays d'Orient : JOUANNIN.

Joseph-Marie JOUANNIN naquit le 6 septembre 1783 à Saint-Brieuc; nommé, en décembre 1796, à l'une des bourses fondées par l'ancien évêché de Tréguier, au Collège Louis-le-Grand de Paris, alors *Prytanée français*, il entra dans cet établissement le 27 janvier 1797; il y continua ses études et il venait d'atteindre sa dix-neuvième année, lorsque, au mois d'octobre 1802, le Ministre des Relations extérieures, ayant besoin de sujets pour reformer l'École des Jeunes de langues à Constantinople, sur les bons témoignages de ses supérieurs, et sur la présentation des chefs de l'École de Paris, le choisit

[1] Fr. MASSON, *Les Jeunes de langues.* (*Le Correspondant*, sept. 1881, pp. 905-930.) — Réimprimé dans un recueil d'articles du même auteur intitulé : *Jadis*, 3e édition, Paris, Paul Ollendorff, 1905, in-12.

parmi les élèves étrangers à cette école, pour remplir une des six places de Jeunes de langues de seconde classe, avec 1,500 francs d'appointements[1].

L'École des Jeunes de langues avait passé par bien des vicissitudes depuis sa fondation.

Ces Jeunes de langues étaient destinés, avons-nous dit, à servir de drogmans dans les Échelles; nous dirons, d'après un mémoire inédit[2], quel était le rôle des drogmans.

QUELLES SONT LES FONCTIONS DES DROGMANS.

Les Drogmans employés dans les États musulmans sont les negociateurs intermediaires de l'Ambassadeur et des Consuls vis a vis des puissances du pays. Ils font l'office d'interpretes, de traducteurs, de procureurs, d'avocats, de courtiers, et ils agissent toujours seuls dans toutes les affaires politiques, judiciaires et commerciales qu'ils sont chargés de traiter. L'Ambassadeur de la Republique obtient quelquefois pour des objets importans des conferences avec le Reis effendi ou quelqu'autre ministre de la Porte, mais les Consuls ne voyent les gouverneurs et commandants des provinces que dans des visites de pure ceremonie dans lesquelles il n'est question que de simples compliments. Cependant, en Barbarie, ils se presentent eux-mêmes vis a vis des Pachas et ils traitent les affaires qui leur viennent par le moyen de la langue franque; mais si la discussion devient serieuse, ces Pachas oublient tout a coup leur mauvais italien, et un Drogman sachant le turc ou l'arabe devient alors necessaire.

QUELS ETOIENT LES PREMIERS QU'ON A EMPLOYÉS?

Dans les premiers tems de nos etablissemens en Turquie, on fut obligé de se servir pour drogmans des gens du pays qui savoient l'italien, ou le français, mais on ne tarda pas de s'appercevoir que ces sujets ottomans, qui avoient leur interet particulier ou celui de leur famille a menager, ne servoient utilement que dans des tems prosperes, et on chercha a leurs substituer des sujets français.

(1) D'après les états de services [ms.] de J^h-M^ie Jouannin, rédigés le 6 avril 1824, en conséquence de la circulaire ministérielle du 7 janvier 1824, avec un supplément allant jusqu'au 1er mai 1828.

(2) Bibl. nat., Fr. Nouv. Acq., n° 9137.

CE QU'UN DROGMAN DOIT SAVOIR.

Ce qu'un bon drogman doit savoir est la langue de sa patrie ; assez de latin pour pouvoir profitter des dictionnaires et des ouvrages orientaux traduits dans cette langue; l'italien, le grec, le turc, l'arabe et le persan de maniere a pouvoir composer et traduire; il doit être instruit des interests generaux des Puissances, et des principes du commerce; posseder l'histoire et la geographie; et surtout connoitre a fonds les loix et les usages de la Turquie, la marche de son gouvernement ottoman, et les formalités de son administration. Cette étude, pour un sujet meme au dessus du mediocre, est au moins de dix ans.

QUALITÉS NECESSAIRES A UN BON DROGMAN.

Un bon drogman doit joindre a ces connoissances plusieurs qualités essentielles. Il lui faut un esprit de sagesse, de conciliation et de fermeté; un fond inaltérable de probité et de droiture; assez de courage pour braver le fleau de la peste qui, à Constantinople surtout, n'interrompt jamais le cours des affaires; une elevation d'ame qui le rende insensible aux desagremens que lui presenteront l'orgueil religionaire des Turcs, et leur fierté brutale. Il doit se mettre au dessus des humiliations auxquelles son amour-propre est frequemment exposé dans ses négociations, pour n'envisager que l'utilité dont il est à son pays et a ses compatriotes.

Tant de connaissances et de qualités nécessaires pour l'état de drogman, continue l'auteur du mémoire, demande qu'on forme de bonne heure des jeunes gens pour le remplir.

La royauté s'en est occupée dès 1669 [1].

Un arrêt du Conseil rendu le 18 novembre 1669 établit que, pendant trois ans, il serait envoyé six jeunes garçons nés français, par

[1] «La fondation des Enfants de langue, que l'État fait élever au College dit ci-devant de Louis le Grand, avoit dans le principe une autre destination. Une dame avoit légué dix mille livres applicables à l'entretien de dix jeunes Arméniens, qui, après avoir reçu à Paris leur éducation chez les Jesuites, devoient repasser en Turquie pour y faire la mission ou y seconder les Mi sionnaires.

«On s'apperçut bientôt que la Propagation de la Foi ne tiroit pas un grand profit de cette dépense. Ces Arméniens, retournés dans leur patrie, étoient recherchés par les Ambassadeurs des Puissances qui ont des relations avec

chacune des trois années, aux couvents des Capucins à Constantinople et à Smyrne pour être instruits dans la connaissance des langues orientales et se rendre capables de servir de drogmans près des consuls et vice-consuls de la nation française dans les Échelles du Levant et de Barbarie.

Un second arrêt, du 31 octobre 1670, ordonnait qu'il ne serait plus envoyé que six jeunes gens pour cet effet, de trois en trois ans, dans lesdits couvents.

En effet, le 1er novembre 1670, Colbert écrivait à M. de Nointel[1], ambassadeur de France à Constantinople, et lui donnait avis que, par arrêt du Conseil du commerce en date du 18 novembre 1669, revisé par un autre arrêt du 31 octobre 1670, le Roi avait ordonné que « doresnavant les droguemans et interprètes des Echelles du Levant résidant à Constantinople ne pourroient s'immiscer à la fonction de leur emploi, s'ils n'étoient François de nation; ..... que de trois en trois ans, seroient envoyés aux dites Echelles de Constantinople et Smyrne six jeunes garçons de l'âge de neuf à dix ans qui voudroient volontairement y aller et iceux remis dans le couvent des Capucins desdits lieux de Constantinople et Smyrne, pour y être élevés et instruits à la religion catholique, apostolique et romaine et à la connoissance des langues, en sorte qu'on pût s'en servir avec le temps pour interpréter les dites langues[2]. »

Lorsque M. de Nointel arriva à Constantinople le 22 octobre 1670: « six Enfants de Langues destinés à occuper des emplois de drogman étaient, en vertu d'un arrêt du Conseil du 18 novembre 1669, placés sous la surveillance et confiés aux soins des Pères capucins; un

l'Empire Ottoman, et l'éducation qu'ils avoient reçue en France tournoit souvent au préjudice de nos intérêts.

« On prit le parti d'appliquer ces mêmes fonds à une École d'Interpretes en langues orientales; et les nouveaux Eleves remplacèrent les Arméniens. » — *Projet d'un plan d'éducation pour les Enfants de Langue que l'État fait élever à Paris.* (Bibl. nat., Fr. Nouv. Acq., n° 9137.)

[1] Charles-François Olier de Nointel (mort à Paris fin mars 1684) avait remplacé Denis de la Haye, sieur de Vantelec, et fut remplacé par Gabriel-Joseph de la Vergne de Guilleragues.

[2] Masson, p. 71.

khodja, ou précepteur turc, les instruisait dans la connaissance de l'arabe, du persan et du turc[1]. »

Galland nous rapporte, le samedi 23 juillet [1672], qu'un « des Enfants des langues se fit Turc après s'estre enfui, de crainte d'estre chastié, à cause des désordres qu'il avoit faits après s'estre enyvré le jour de la resjouissance[2] ». La correspondance de M. de Nointel mentionne ce fait. L'Enfant de langues fut rendu par la Porte à l'Ambassadeur et renvoyé en France. L'année suivante, le samedi 15 juillet, Galland note que « Mrs les Enfans de langue furent obligés de défaire un feu d'artifice qu'ils avoient dressé pour contribuer à la resjouissance du renouvellement des capitulations, parce que le Caymacam fit prier Son Exc. qu'on ne le tirât point. M. l'Ambassadeur se seroit fort peu soucié de sa prière s'il n'avoit trouvé plus à propos de ne pas le désobliger dans ces commencemens[3]. »

Pour compléter cette création, en 1700, le Roi instituait au Collège Louis-le-Grand, dirigé par les Jésuites, douze bourses pour douze enfants arméniens appelés à recevoir une éducation chrétienne et destinés à aider les missionnaires dans le Levant[4].

Un troisième arrêt, du 7 juin 1718, fixa à douze le nombre des enfants de langues entretenus et instruits dans le couvent des Capucins à Constantinople. Enfin un arrêt du 20 juillet 1721 supprima les douze jeunes Arméniens qui depuis l'année 1700 étaient élevés dans le Collège des Jésuites à Paris pour propager la catholicité dans leur pays, où ils étaient renvoyés après leur éducation finie, et ordonna qu'à l'avenir il serait élevé dans ce collège, au lieu de ces douze Arméniens, dix jeunes Français, qui seraient pris alternativement de familles de Français habitant en France et de celles des Drogmans, négociants ou autres Français établis dans le Levant; que ces dix enfants seraient instruits et enseignés dans la langue latine et en même

(1) Ch. Schefer, *Journal d'Antoine Galland,* I, p. xi.
(2) *Journal,* I, pp. 175-176.
(3) *Ibid.,* II, pp. 121-122.
(4) Masson, p. 75.

temps dans celles turque et arabe et envoyés ensuite au Collège des Capucins à Constantinople pour se perfectionner dans les langues orientales et être destinés aux emplois de drogmans [1].

On lit dans le *Mémoire sur le Commerce et la Navigation de la France au Levant* [2] du comte de Saint-Priest, notre ambassadeur à Constantinople :

C'est à ce temps de la régence du duc d'Orléans qu'on destina aux Enfans de langues les bourses précédemment fondées au Collège de Louis-le-Grand à Paris pour des Grecs et Arméniens; il en a résulté que ces élèves interprètes ont mieux su le latin et beaucoup moins bien les langues orientales, qui sont cependant l'essentiel en l'état de drogman. Dans l'enfance, on les apprend presque sans peine pendant qu'il en faut beaucoup dans l'adolescence pour y réussir; il est vrai qu'il faudrait y destiner des Français natifs pour être bien assuré du patriotisme des interprètes, qu'affaiblit souvent la naissance en pays étranger; mais il serait juste aussi de prendre soin des enfants qui naissent en Levant des mariages de ces officiers, en leur donnant une autre destination.

L'École et les élèves étaient entretenus aux frais de l'État, sans aucune restriction :

Ceux qu'on appelait du Levant pour être admis parmi les Enfants de langues étaient défrayés par l'État, qui payait les dépenses de la traversée jusqu'à Marseille, et celle de Marseille jusqu'au Collège. C'était encore aux frais de l'État que ces élèves étaient envoyés au Levant, lorsqu'on jugeait leurs progrès suffisants [3].

La Chambre des Jeunes de langues prospéra à Louis-le-Grand sous la direction de maîtres dont quelques-uns sont illustres, comme le P. Gabriel Brotier [4]; mais avec la dispersion des Jésuites, les mauvais

[1] *Mémoires, loc. cit.*

[2] [Ch. Schefer], *Mémoire sur l'ambassade de France en Turquie de M. le comte de Saint-Priest*, Paris, 1877, p. 310.

[3] *Mémoire.*

[4] Gabriel Brotier, né le 5 septembre 1723, à Tannay (Nièvre); membre de l'Académie des Inscriptions en 1783; mort à Paris, 12 février 1789.

jours arrivent pour ces jeunes gens; brutalement, le duc de Choiseul les arrache de Louis-le-Grand et les confie, moyennant 500 livres de pension, à un marchand de soupe de la rue Mazarine, nommé Aupy, qui ne cherche qu'à tirer le plus de profit possible de ses élèves, qui doivent « aller en classe d'humanités au Collége des Quatre-Nations, et recevoir des leçons de langues des Sieurs DE FIENNES[1] et CARDONNE[2] ». Enfin les Jeunes de langues, au grand désespoir et malgré les réclamations d'Aupy, réintègrent Louis-le-Grand le 29 septembre 1763, mais ils perdent leurs privilèges et ne sont plus que de simples boursiers, quoique le duc de Praslin écrivît au bureau, de la part du Roi, que, bien qu'annexée au Collège de Louis-le-Grand, cette école conservait son titre, ses statuts et ses privilèges. On lui donne pour directeur un de ses anciens élèves,

(1) Jean-Baptiste DE FIENNES, né à Saint-Germain-en-Laye le 9 octobre 1669, mort à Paris en 1744; envoyé comme drogman en 1687 avec François PÉTIS DE LA CROIX; nommé premier drogman à Alexandrie (1692) et au Caire. À la mort de François Pétis de la Croix (1713), Jean-Baptiste de Fiennes fut nommé (1714) professeur d'arabe au Collège de France. Pierre DIPPY (1670-1709), successeur de Pierre VATTIER (1658-1670), professeur d'arabe et de syriaque au Collège de France, fut, à sa mort, remplacé, en 1710, comme secrétaire-interprète du Roi par Fiennes; ce fut lui qui, en 1721, fut chargé de l'inspection de l'enseignement nouvellement créé de turc et d'arabe pour les enfants de langues dans le Collège des Jésuites. Fiennes eut pour successeur dans sa chaire Alexandre-Louis-Marie PÉTIS DE LA CROIX, fils de François, qui mourut en 1751; sa chaire d'arabe passa en 1752 à André LE ROUX DES HAUTESRAYES.

La chaire d'arabe au Collège de France occupée par Antoine GALLAND passa à FOURMONT l'aîné, mort en 1745 et remplacé par Jean OTTER; celui-ci, étant mort en 1748, eut pour successeur Jean-Baptiste HÉLIN DE FIENNES, fils de Jean-Baptiste, né à Saint-Germain-en-Laye le 23 mars 1710; il était donc en fonction lors de la dispersion des Jésuites; en 1740, Fiennes fut chargé, conjointement avec Pétis de la Croix, son collègue, du soin de former les Enfants de langues que le Roi faisait élever au Collège Louis-le-Grand, remplaçant son père dans ces fonctions; en 1744, Fiennes fut nommé secrétaire-interprète pour les Langues orientales; il est mort en 1767. — Cf. *Mémoire historique & littéraire sur le Collège royal de France* . . ., par M. l'abbé C.-P. Goujet, 3e partie. À Paris, 1758, in-4°.

(2) Denis-Dominique CARDONNE, né à Paris en 1720, mort le 25 décembre 1783, professeur des langues turque et persane au Collège de France (1768-1783); censeur royal; garde de la Bibliothèque du Roi. — Nommé Directeur des Jeunes de langues en novembre 1762, il donna sa démission le 24 juin 1778 et fut remplacé par Ruffin.

En 1782, les interprètes attachés à la Bibliothèque du Roi étaient : Cardonne, Anquetil, Le Roux des Hautesrayes, de Guignes, Ruffin, Venture, Tobiesen Duby, l'abbé Blanchet. (*Essai hist. sur la Bibl. du Roi*. . ., par LE PRINCE, nouvelle édition. . ., par Louis Paris, p. 398.)

M. Cardonne, secrétaire-interprète de Sa Majesté, et le monarque lui envoya son portrait, qui fut placé dans l'endroit le plus apparent de la salle d'étude.

En 1774, leur costume oriental leur est même enlevé.

Quelques-uns de ces drogmans formaient de véritables dynasties, tels les RUFFIN dont je parle plus loin, les ADANSON, les FONTON, etc.

Antoine FONTON, fils de Pierre Fonton et de Lucrèce Navone, a vécu en Orient pendant plus de cinquante ans; il fut premier secrétaire-interprète à Constantinople sous Vergennes et Saint-Priest et il fut admis à la retraite sous Choiseul-Gouffier, le 28 août 1785, et reçut le brevet de secrétaire honoraire de la légation de France à Constantinople; le 10 février 1762, il avait épousé, à Constantinople, sa cousine Élisabeth Montmartz, fille de Gaspard Montmartz et de Lucie Testa, née le 28 août 1744; un moment Fonton reprit du service en 1792; il mourut âgé de 78 ans en 1802, privé de sa pension depuis dix ans, laissant sa veuve sans ressources avec trois filles. On prétendait que les Fonton étaient originaires de la Grèce; ils servaient la France en Orient depuis 1630.

Luc FONTON, secrétaire-interprète et premier drogman de France à Alep, fut employé au Levant depuis 1751; malade de la pierre, il fut mis à la retraite avec pension à 55 ans (1786). Son fils, Pierre-Joseph FONTON, également drogman, est né à Alep le 1er mai 1769; en 1791 ou en 1792, nommé chancelier du consulat d'Alep, il se retira, lors de la Révolution, à Bagdad, où il donna des leçons pour vivre; le consul du Caire, Malivoire, émigré comme Fonton, se trouvait également dans cette ville. Vers 1801 ou 1802, Fonton fut envoyé à Alexandrie d'Égypte comme premier drogman-chancelier du consulat; à la première descente des Anglais en Égypte, il faillit être fait prisonnier comme son collègue, Louis Gaspary, second drogman du Consulat. Fonton s'enfuit au Caire avec Drovetti, sans pouvoir rien emporter; ses papiers furent perdus, ainsi que ses effets. Nommé, le 11 septembre 1816, drogman à Tripoli de Syrie, dont il géra le consulat depuis le départ pour Saïda du consul Regnault jusqu'à l'arrivée de Bruère-Destivaux, Fonton servit encore comme drogman jusqu'en 1824, époque à laquelle il reçut sa nomination d'agent consulaire dans cette Échelle. À la disposition de l'Ambassadeur, le 29 juillet 1827, Fonton fut admis à la retraite, le 1er août 1831.

Il y eut également un Joachim FONTON dont les enfants jouissaient d'une pension de trois cents livres (1760) d'après une lettre de Vergennes, de Constantinople, 15 novembre, et un Gaspard Fonton, qui eut une carrière de plus de quarante ans, nommé le 4 septembre 1816 drogman du palais de l'Ambassade à Constantinople; il est mort dans cette ville le 29 janvier 1820, à l'âge de 82 ans.

La *Biographie universelle* consacre un article signé D. L. [Delaulnaye] à Charles FONTON, « orientaliste français, auteur de deux ouvrages qui se trouvent manuscrits à la Bibliothèque impériale, sous le numéro in-4° V 1793 D; ils sont datés de Constantinople en 1751. L'un est intitulé : *Aventures de Zélide et de Ferannès*, composées en persan et traduites du turc en français; l'autre, plus curieux et contenu dans le même volume, est intitulé : *Essai sur la musique orientale comparée à la musique européenne*. L'auteur ne paraît pas très versé dans la matière qu'il traite, et souvent il s'embrouille en voulant exposer le système musical des Orientaux... »

Passons aux ADANSON : Jean-Baptiste ADANSON était d'une famille originaire d'Écosse qui suivit en France la fortune de Jacques II; deux de ses frères moururent à Fontenoy; un autre, Michel, né à Aix-en-Provence le 7 avril 1727, mort le 3 août 1806, est le célèbre voyageur et botaniste; Jean-Baptiste entra dans la carrière en 1754 et il servit pendant cinquante ans au Levant et en Barbarie; il fut interprète à Saïda; chancelier et drogman près le Consul général à Tunis (1785), il mourut dans cette ville en l'an XII, âgé de 70 ans.

Son second fils, Charles-Louis ADANSON, né à Saïda le 18 février 1767, comptait trente-deux ans de service en 1816. Entré en 1775 au Collège des Jeunes de langues à Paris, il en sortit le 1er juillet 1784, avec MM. DE TRÉCOURT, MALIVOIRE et CHÂTEAUNEUF, qui faisaient comme lui, en qualité de Jeunes de langues, partie de l'ambassade de CHOISEUL-GOUFFIER[1]. Au sortir du collège, il fut envoyé à Alexandrie près du consul général MURE, par la protection de SABATIER DE CASTRES, alors directeur des Consulats; en 1786 et 1787, il réside près de M. DE CHÂTEAUNEUF, consul général à Tunis; enfin le 1er août 1788, il est nommé drogman-chancelier près du consul RENAUDOT; à la fin de 1794, ce dernier le charge d'une mission à Constantinople. En 1795, lorsque BEAUSSIER, qui exerçait les fonctions de chancelier de l'ambassade, fut nommé consul général à Tunis, Adanson fut nommé à sa place (chancelier de l'ambassade du 23 septembre 1795 au 21 mars 1798), sous l'ambassadeur VERNINAC, dont Ruffin était le premier secrétaire-interprète. En juin 1798, Ruffin, alors chargé d'affaires, permit à Adanson de profiter d'un congé qu'il avait en poche depuis huit mois; retenu en France par les complications diplomatiques, Adanson reçut de Talleyrand, le 5 brumaire an XI, l'ordre de rejoindre son poste de chancelier (24 septembre 1802-30 septembre 1817), où il resta jusqu'en juin 1816. Il resta en inactivité avec traitement du 1er octobre 1817 au 31 décembre 1821; il fut premier secrétaire à Constantinople sous LATOUR-MAUBOURG du 1er janvier 1822 au 1er février 1823; enfin il était mis en inactivité avec traitement du 1er février 1823 au 1er janvier 1828.

[1] Marie-Gabriel-Florens-Auguste, comte DE CHOISEUL, connu après son mariage sous le nom de CHOISEUL-GOUFFIER, né à Paris le 27 septembre 1752; nommé en 1784, ambassadeur à Constantinople, à la place de Saint-Priest; mort le 20 juin 1817.

Le mémoire suivant est sans doute de Luc Fonton :

Mémoire sur les Drogmans.

Les Drogmans etablis en Levant sous les ordres de l'Ambassadeur du Roi à la Porte et des Consuls dans les Echelles sont chargés de traiter au nom de leur chef avec les naturels du païs, et d'interpréter de vive voix ou par écrit tout ce qui concerne les affaires de la France et des François qui résident en Turquie.

Ce sont des agens intermédiaires qui, par la connoissance qu'ils ont des langues et des coutumes orientales, sont employés nécessairement dans toutes les négociations relatives à cet objet.

C'est là la nature de leurs fonctions, c'est là le genre de service qui les compete, c'est là ou commence et doit finir leur ministère.

Pour en fixer irrévocablement les devoirs et les obligations, il convient de les ramener à leurs principes, et suprimer les abus qui se sont introduits.

La règle invariable à établir, seroit de deffendre rigoureusement aux Drogmans de s'ingérer, sous quelque prétexte que ce soit, dans aucune affaire étrangere à la nation. L'avantage personel qu'on trouve quelques fois à s'entremettre pour des gens qui payent les bons offices qu'on leur rend, est vn motif qui doit etre d'autant plus justement proscrit, qu'il en résulte toujours vn préjudice à l'intérêt essentiel du service.

On ne doit pas non plus employer les Drog[ns] sans aucun menagement et sans reserve pour vne sorte de gens qui fourmillent en Levant, qui s'y sont multipliés et s'y perpétuent, sans titre, sans permission, sans existence personelle, et par les seuls rapports d'intérêt, de liaison, de situation precaire plus ou moins directe avec les consuls et les negocians; pour cette classe nombreuse de protégés, de cliens, de barataires, qui compromettent a chaque instant le nom et le crédit de la protection dont ils se prévalent, qui épuisent a pure perte pour le service du Roy toutes les graces, toutes les sollicitations, tout l'accés d'vn Drogman auprès des Pachas, des Comandans, des officiers des divers tribunaux.

Les Drogmans ne doivent jamais etre commandés pour agir dans les cas exposés, et encore moins dans les faits de contrebande que les commerçans, capitaines et autres navigateurs se permettent trop souvent contre les loix qui les condamnent, et les ordonances qui les prohibent. On est reçu mal chez les Turcs lorsqu'on s'y présente pour excuser un vol manifeste, ou pour en pallier la grieveté et les circonstances. C'est vn ministere odieux d'avoir à soutenir de pareilles causes, et vn Drogman ne doit prêter le sien qu'a celles qui sont fondées sur le bon droit et le maintien de nos capitulations.

C'est là le bouclier qu'on doit opposer sans cesse aux atteintes qu'on s'efforce de porter à nos privileges. Ce sont les armes dont on se sert communément avec succés dans tous les cas ou la lezion de nos immunités se montre avec évidence. Mais hors de là il convient d'en user avec prudence et circonspection, pour éviter de s'attirer des rebuts formels, qui ravalent le Consul et le Drogman. Ce n'est plus alors qu'vne affaire de faveur, qu'on sollicite, et on ne peut l'obtenir qu'a l'aide des circonstances, et d'vn hazard heureux.

Dans les questions litigieuses et qui sont du ressort des tribunaux turcs, comme on ne peut suivre que la jurisprudence mahometane bien différente de la notre, on doit se conformer à ses decisions. Il ne nous est point donné de changer les loix du païs, et il faut s'y soumettre. Mais les François en Levant adoptent difficilement cette maxime incontestable, et voudroient s'y soustraire. C'est pourquoy la plus part se refusent à comparoître au *Mehkemé* lorsqu'ils y sont cités, cherchent à éluder les fraix de la justice, compromettre le Drogman, et font prendre au Juge de l'humeur contre luy. Le Ministre doit donner des ordres précis sur ce point, et sur ceux qui précèdent, et en prescrire strictement l'exécution.

C'est ainsi que chaque partie du service astreinte aux fonctions qui lui sont propres, et remplie avec la subordination requise, operera conjointement le bien qu'on se propose, et procurera aux Drogmans vn titre à l'estime et à la consideration publique tant auprés des nationaux, que des Turcs, les vns et les autres trop accoutumés à les depriser.

On parviendroit, ce semble, plus sûrement encore à leur donner ce degré de considération vis-à-vis de ceux-cy si l'on se determinoit à les faire habiller à la Françoise.

Il n'est pas douteux que l'habillement oriental les confond avec les Rayas, et les fait regarder pour ce qu'ils ne sont pas. Les Puissances se méprennent tous les jours à cet extérieur, et tres peu d'entre eux savent, tres peu même veulent croire que nos Drogmans sont véritablement François.

Cette ignorance réelle et quelques fois feinte autorise les Turcs dans leurs procédés injurieux, et leur sert dans l'occasion de prétexte ou d'excuse.

On a vu souvent les Drogmans arrêtés pour le *Carach*, et quand le *Carachy* s'est assuré qu'ils étoient François et exempts du tribut, il s'est contenté d'alleguer que ç'a été vne méprise, et qu'apres tout on ne peut lire sur le front d'un François habillé à la turque son nom ni son païs.

On a vû les Drogmans injuriés, maltraités, emprisonés, exposés à des accidens plus tristes et plus facheux encore, dont il est inutile de rapeller les circonstances et les époques. Habillés à la françoise, ils eussent évité à coup sûr ces mauvais traitemens. Car on ne peut en disconvenir, le chapeau imprime en Turquie je ne sais quel respect, qui est moins l'effet de l'estime que celui de la crainte, mais qui n en est que plus sûrement la sauvegarde de celui qui le porte, et c'est là qu'on peut dire que l'habit fait le moine.

Je sais que la plus part des Drogmans, accoutumés depuis longtemps à la mollesse et au luxe de l'habit asiatique, se détermineront difficilement de le quitter. Je sais qu'ils allegueront pour justifier leur répugnance des raisons fondées sur le surcroit d'une nouvelle dépense, dont ils seroient grevés, et sur le prétendu ridicule que jetteroit sur eux ce travestissement subite.

Il serait aisé de remédier a peu de fraix au prem[er] inconvénient, et il n'y en auroit aucun pour eux à paroitre vetus à la françoise. Les Turcs s'accoutumeroient bientôt à les voir ainsi habillés, et ils traiteroient avec eux comme ils traitent avec les neg[ts], les medecins, et autres Etrangers qui ont à faire à eux. Cela ne serait impraticable que dans l'Echelle du Caire, ou tous les Européens en général qui y résident portent l'habillement et la coëfure du païs.

Sous le regne du dernier Empereur Sultan Mustafa il fut publié un édit qui ordonnoit que tous les etrangers etablis dans les Etats du G. Seigneur fussent habillés chacun à la mode de son païs, afin qu'on les distinguat des sujets de l'Empire Ottoman. Tout le monde se conforma à cet ordre du Prince, même ceux qui, sans etre veritablement francs, jouissoient de la protection des Ambassadeurs. On eût dû saisir avec grand empressement cette occasion pour soustraire les Drogmans à l'ancien usage; on sollicita une permission pour les y maintenir.

Voila, ce semble, les moyens a peu pres les plus propres à produire et à augmenter chez les Turcs la consideration des Drogmans. On doit y ajouter la conciliation des égards de la part des nationaux.

Cet article est essentiellement du ressort des Consuls, et c'est d'eux qu'il dépend de le faire observer. Ils doivent donc être attentifs à ne point employer les Drogmans à des fonctions qui les avilissent, à ne s'en point servir en guise d'huissier et sergent, et à ne point les assujetir à des offices abjects qui les dégradent.

Cette attention des Consuls à ne prescrire aux Drogmans que les devoirs decens de leur Etat, sera vn ordre tacite aux nationaux d'observer envers eux la décence et l'honeteté qui conviennent. On sait qu'assés communément les nég[ts] en Levant, jaloux d'vne sorte de prééminence qu'ils s'arrogent, prévenus de leur opulence, et des facultés qu'elle leur donne, dédaignent volontiers tous ceux qui ne sont pas dans la classe des commerçans. Ils reviendront de l'erreur et du préjugé qui les égarent, ils feront des Drogmans le cas qu'ils doivent en faire, ils ne se permettront plus de les traiter avec hauteur, de les deprimer en toute rencontre, de les mander chez eux sous le moindre prétexte, et d'en exiger des services auxquels, il est vrai, un François se refuse, mais auxquels se soumet avec bassesse l'homme du Païs, qui déshonore le nom de Drogman qu'il porte.

Après avoir considéré les Drogmans sous tous les raports qui les lient aux gens du païs et aux nationaux, après avoir indiqué les abus qui s'opposent au degré de considération qu'ils doivent avoir auprès des vns et des autres, disons encore un mot sur l'état de leur vie privée.

Les Consuls, par un reglement commun à toutes les Echelles, leur donnent la table et le logement. C'est vn avantage dans leur traitement, qui sans cela seroit insufisant à leur entretien. C'est aussi un agrément pour eux. Ils trouvent dans l'aménité et la politesse de plusieurs Consuls, dans l'esprit et les talens qui les distinguent, tout ce qui peut faire le charme et la douceur de la société; mais il en est d'autres dont les procédés sont bien différens, et alors quel surcroit de peines pour vn Drogman!

Je passe sous silence la contrainte, la gêne, la réserve continuelle à laquelle ils sont alors et doivent etre naturellement assujetis. J'omets les discussions minutieuses et les details ennuyeux de ménage, d'économie, dont ils sont sans cesse temoins et souvent l'objet. Je ne dirai rien de l'inquiétude, de la morosité, de la jalousie peut-être de quelques Consuls mariés, dont il faut respecter les méfiances ombrageuses et menager jusqu'aux plus legers soupçons.

Je ne parlerai que des degouts, des desagrémens, qui dans cet état de choses naissent à chaqu'instant du contraste d'humeur, de l'incompatibilité de caracteres, du conflit d'opinions; des demeslés, des altercations qui en résultent toujours à la charge des Drogmans, et que ceux-cy ne peuvent éviter qu'en abandonant à la fin la table consulaire.

On pourroit, ce semble, soustraire les Drogmans à cette comensalité fatigante, en leur assignant sur les apointemens des Consuls une pension alimentaire, qui leur seroit payée soit que les Consuls ne voulussent point vivre avec eux, sous le même toit, ou qu'ils ne pussent pas eux même vivre avec les Consuls.

Ce moyen, qui paroit être d'vne convenance réciproque, préviendroit les murmures, les mécontentemens, les plaintes qui n'ont d'ordinaire d'autre motif que le désir de vivre éloignés les vns des autres. Les Drogmans auroient moins souvent des torts réels, et moins souvent ils seroient reprehendés pour des torts aparans.

Renfermés dans le cercle des devoirs du service, ils ne s'ocuperoient que du soin de les remplir avec l'exactitude et l'activité qu'on est en droit d'exiger d'eux. Attachés à leur chef par les liens indispensables de l'obéissance et de la subordination, ils seroient libres des soucis, et des peines étrangeres à leur dépendance. Ils n'auroient en un mot que les désagrémens de leur état; ils n'auroient point ceux de la vie domestique, souvent plus insuportables.

Pour achever de remplir le but qu'on s'est proposé dans ce Memoire, et ne rien omettre de ce qui concerne les Drogmans, de ce qui peut améliorer leur sort et en adoucir la rigueur, sera-t-il permis d'ajouter vne reflexion?

On se plaint generalement que les bons sujets sont rares parmi les Drogmans, et cela n'est que trop vrai. Mais doit-on se flatter d'en multiplier le nombre, lorsque sans cesse rebutés des Turcs, peu considérés des nationaux, quelques fois chagrinés par les Consuls, ils conserveront pour leur état le dégout et l'aversion qu'il inspire? Peut-on croire qu'ils fourniront avec ardeur une carrière penible et laborieuse sans motif d'encouragem[t], sans objet d'émulation, sans espoir de récompense?

Qu'on mette en usage ces moyens si efficaces, si propres à déveloper, à exciter les talens, on les verra eclorre avec fécondité, germer et croitre avec promptitude, et produire une moisson abondante de bons Drogmans, de sujets utiles, qui s'acquitteront avec zèle, et avec honneur, des fonctions de leur état, qui s'y attacheront sans répugnance, et qui meriteront le sufrage et l'estime des superieurs.

A Smyrne, le 10 décembre 1778.

FONTON.

[Bibliothèque nationale, Fr. Nouv. Acq. 9137, Papiers de Venture de Paradis, 4, fol. 27/32.]

La situation des drogmans était si médiocre qu'ils quittaient le service dès qu'ils le pouvaient :

« Pour engager les Drogmans à terminer leur vie dans le Levant et y continuer jusqu'à la mort leurs pénibles fonctions, l'ordonnance de 1781 sur le régime des Echelles a accordé une pension de 1,500 livres aux deux plus anciens et une pension de 500 livres à ceux des jeunes qui se distinguent le plus dans leur état. Ces pensions si justement méritées ont été suspendues depuis le décret de l'Assemblée Constituante qui défend de donner des pensions à ceux qui ont des traitements[1].

[1] Mémoire, *l. c.*

Ce décret fut naturellement le signal du départ de ceux qui avaient droit à ces pensions, d'où désorganisation complète du service du drogmanat en Turquie et dans les Échelles.

Dans la seconde moitié du XVIIIe siècle, la situation des études orientales en France était lamentable. Le Collège Royal avait eu longtemps deux chaires de langue arabe, dont l'une avait été créée par Henri III, l'autre par Louis XIII; une de ces chaires avait été supprimée en 1773 par arrêt du Conseil du Roi et remplacée par une chaire de langues turque et persane; les professeurs étaient, en 1790, Caussin de Perceval père et Ruffin[1].

« Cette constatation officielle de la décadence qui avait frappé les études orientales en France pendant le XVIIIe siècle trouve peut-être sa confirmation la plus éclatante dans ce fait que, de 1696 à 1779, il ne fut pas imprimé dans notre pays une seule ligne en caractères arabes. En 1751, à l'occasion de la naissance du duc de Bourgogne, frère aîné de Louis XVI, les élèves de l'École royale des Jeunes de langues publièrent un petit recueil de vers de circonstance en latin, en grec et en français. Ils s'excusent par le quatrain suivant *quod non Turcice scripserint* :

Turcica Musa silet. Ne, Princeps optime, culpes
Immeritam : volait plurima verba loqui.
At quae dixit amor, memori transmittere chartae,
Non assueta typis, Gallica dextra negat.

« Et sous les vers on peut lire cette note : *Nihil Parisiis Turcice Arabiceve typis mandatur*. Un effort considérable était nécessaire pour que ces études reprissent chez nous le rang qu'elles avaient conservé ou conquis dans les pays voisins[2]. »

Il fallait avoir une véritable vocation pour se livrer à l'étude des langues orientales; l'auteur d'un des mémoires cités écrit :

« On ne sera pas peu surpris d'apprendre qu'une chaire de professeur d'arabe, de turc et de persan au Collège de France vaut douze cents livres, et le logement

(1) [A Carrière.] *Notice hist. sur l'École spéciale des Langues orientales vivantes*, Paris, 1883, in-8°, p. 4, note. — (2) *Ibid.*, p. 3 et 4.

par rang d'ancienneté, c'est-à-dire après huit ou dix ans d'exercice; et qu'une place d'interprète à la Bibliothèque Nationale a valu jusqu'ici huit cents livres, sans le logement. Comment peut-on penser que l'espérance d'obtenir une de ces places (dût-on les améliorer beaucoup) fasse dévorer le dégout d'une étude qui demande au moins quinze années d'une application suivie. Il est vrai, et cela étoit juste, qu'on n'a pas été fort exigeant jusqu'à présent vis-à-vis des sujets auxquels on les accordoit. On les a toujours crus sur leur parole, et on ne leur a jamais demandé des preuves de leur savoir. »

MÉMOIRE.

Nécessité d'encourager en France l'étude des Langues Orientales; Moyen sûr et facile d'y parvenir; Avantages réels qui en résulteroient pour nos relations politiques et commerciales avec les peuples Musulmans en Europe, en Afrique, en Asie.

La littérature orientale est fort cultivée en Angleterre, en Allemagne, en Hollande, et dans d'autres pays européens, tandis qu'elle est fort négligée en France. Et la raison en est simple : c'est que dans ces États, les connoissances qu'on acquiert dans les langues orientales procurent des places honnorables, des emplois lucratifs, lorsqu'en France ces mêmes connoissances amènent tout au plus à obtenir une chaire au Collège Royal, une place d'interprète à la Bibliothèque Nationale, ou bien à vegeter toute sa vie, loin de sa Patrie, dans des places subalternes, qui procurent à peine la subsistance.

MM. de Guignes et Sacy ont obtenu un modique secours annuel pour leur travail relatif aux meilleurs Manuscripts orientaux. C'est le seul encouragement extraordinaire, qui ait été jusqu'à présent accordé à ce genre d'occupation. Ceux qui pourroient y rivaliser ces deux amateurs, sont abandonnés à eux-mêmes. Il existe cependant à Paris dans plus d'un portefeuille des traductions, jugées intéressantes, qui sont peut-être condamnées à ne jamais voir le jour, faute des moyens nécessaires pour les mettre à l'impression. Et tandis que toutes les nations qui cultivent la littérature orientale possèdent des superbes caractheres orientaux dont elles font usage, les Français sont les seuls qui sont obligés de donner au public des Notices precieuses de Manuscrits rares, sans y mettre le texte original à côté. Ce préambule ne doit point être regardé comme inutile à l'objet principal de ce Mémoire.

L'importance et l'étendue de nos relations politiques et commerciales avec les États du G. S. sont connues. Elles fixent l'attention, et ont longtems excité l'envie des autres Puissances de l'Europe. Nous avons un Ambassadeur à Constantinople et des Consuls de different grade dans presque toutes les Echelles de la Turquie et de la Barbarie.

Cet Ambassadeur et ces Consuls ne savent pas un mot des langues qu'il est nécessaire de savoir pour traiter soit de vive voix, soit par écrit, avec les gens du pays. À leur arrivée ils sollicitent et obtiennent une audience du Souverain ou de ses Gouverneurs. Cette première visite de pure ceremonie une fois faite, notre Ambassadeur et nos Consuls ne se montrent plus, mais absolument plus, quelque longue que puisse être leur residence dans le pays, et quelqu'affaire qu'il survienne.

Toutes les affaires y sont traitées par des interprètes français qu'on nomme vulgairement Drogmans et qui sortent de l'École des Enfants de langue, fondée à Paris par Louis quatorze, au College de Louis le Grand. Ce sont ces Agents les plus utiles et les moins payés, qui supportent tout le fardeau du service. Le besoin qu'on a d'eux a du faire desirer de les retenir, de les eterniser dans leur carriere. Celle-ci a été circonscrite et les Drogmans ont été exclus des Consulats. Mais le deffaut de perspective a presque étouffé les talents de ces officiers. Très peu parmi eux se distinguent; parce qu'il n'y a que l'émulation qui puisse encourager les efforts.

Cette consequence necessaire d'un principe essentiellement abusif devient d'autant plus facheuse, que les Drogmans étant les seuls organes de l'Ambassadeur et des Consuls, ceux-ci, quelque merite personnel qu'on leur suppose, n'ont jamais vis-à-vis des gens du pays que la doze d'esprit, de sagacité et d'adresse que peuvent avoir leurs interprètes.

Les Allemands, les Russes et les Venitiens, Puissances limitrophes de l'Empire Ottoman, et frequemment exposés à des discussions plus graves avec le Ministere turc, ont été les premiers à sentir les inconvénients majeurs d'un pareil regime : ils ont cru que leurs interests seroient beaucoup mieux entre les mains des personnes qui n'auroient pas besoin d'interpretes pour s'expliquer, et pour faire un memoire ou une lettre. Ils ont consequemment préféré les Drogmans pour remplir les Consulats.

L'Empereur ne confie même l'Ambassade de Constantinople qu'à ceux qui savent le mieux les langues orientales. Et ses trois derniers internonces à la Porte Ottomane, Mrs Chouakhen, Tughut et Herbeth, adjoutent cette connoissance a leurs autres talents.

M. le chevalier Mouragea d'Ohsson[1], fort connu par son *Tableau de l'Empire ottoman*, étoit Drogman de l'Ambassade suedoise à Constantinople, lorsque le Roy de Suede l'en chargea luy-même.

Le Reglement qui en France a donné les consulats des Echelles du Levant à des gens qui ignoroient la langue qu'on y parle, a été appuyé sur des raisons qui ne méritent même pas la peine d'être discutées. La plus plausible qu'on ait mise en avant est celle-ci : « un Pacha, un Cadi, un Janissaire Aga ont quelques fois des prétentions injustes; et dans ces moments d'humeur, ils peuvent traiter lestement un infidele qui se presente pour les contrarier. Ors la decence de la place, et l'honneur de la representation, exigent que le Consul ne soit point exposé à leurs brutalités. »

Mais quel est celuy qui tient la place du Consul, dans ces occasions ou il s'agit de deffendre des interests nationaux? n'est-ce pas un Drogman français, c'est-à-dire un officier avoué? et qu'importe que le soufflet soit donné sur la joue du Drogman ou du Consul? En servant son pays avec zele, avec fermeté et sans imprudence, les mauvais traitemens qu'on essuye ne peuvent être que des titres d'honneur.

L'exclusion prononcee contre les interpretes, quel qu'en soit le motif ou le pretexte, paroitra plus vicieuse encore, lorsqu'on saura qu'en Barbarie, ou nous avons des objets plus importans a traiter, nos Consuls sont obligés de faire l'office de Drogman et d'aller discuter eux memes avec les Puissances du pays, par le moyen de la langue franque, jargon insuffisant pour exprimer ses idées et qu'un Bey et un Dey fanatiques n'entendent ordinairement que fort mal, ou feignent de ne pas entendre, lorsqu'il est question d'une affaire serieuse. A l'appuy de cette assertion, on pourroit citer plus d'une Bevue de consequence qui a eu lieu dans cette partie de l'Affrique, parceque les Consuls qui y ont été employés se sont contentés d'apprendre ce jargon, et ne savoient ni le turc ni l'arabe.

En 1781, il fut promulgué une ordonnance concernant l'administration des Echelles du Levant et de Barbarie. On crea a cette époque une certaine quantité d'eleves vice-consuls. On se promettait par cet etablissement une école de sujets propres a remplacer un jour les Consuls.

Ce projet ayant été mis sous les yeux du Roy, Sa Majesté sentit que le premier moyen d'être vraiment utile dans un pays etranger et d'y bien traiter une affaire,

[1] Mouradja d'Ohsson, né à Constantinople en 1740; mort au château de Bièvre, le 27 août 1807. D'origine arménienne, il était fils du Consul de Suède à Smyrne; son *Tableau* parut en deux parties, la première en 1787-90, la seconde en 1804; un 3ᵉ volume parut en 1821, pour servir de supplément à la première partie.

etoit de s'entendre avec la personne qu'il est essentiel de persuader. Et en approuvant la nouvelle creation des eleves vice-consuls, S. M. mit en marge de sa propre main, a ce qui a été dit dans le tems, *A condition qu'ils apprendront les langues orientales.*

L'ordonnance a bien exprimé son intention sur cet objet et un article prescrit formellement aux éleves vice-consuls de s'appliquer aux Langues Orientales; mais il n'en a pas fait une condition indispensable pour leur admission dans la carriere. Qu'en est-il arrivé? Aucun d'eux ne s'est addonné à l'étude de l'idiôme du pays, parce qu'étant une fois introduit dans les consulats, ils ont été assurés de leur promotion; et les Drogmans qui font toute la besogne essentielle, ont encore joint à tous les desagremens de leurs places celuy de se voir commandés par des jeunes gens sans experience.

Il etoit cependant fort aisé d'avoir d'excellents sujets pour remplir les consulats, en diminuant même dans les Echelles les depenses ordinaires, qui ont été augmentées par la création des eleves vice-consuls. Il n'y avoit qu'à dire aux Enfants de langue du College de Louis le Grand :

« Dorenavant vous parviendrez aux vice-consulats, aux consulats particuliers, aux consulats generaux, et a l'ambassade même, après que vous aurez donné des preuves de vos talents et de votre bonne conduite dans la carriere de Drogmans. Et pour que la connoissance que vous aurez acquise des langues orientales ne devienne pas inutile, il sera ordonné aux Vice-Consuls, aux Consuls particuliers, et aux Consuls géneraux de renoncer a la ridicule etiquette qui les retient constamment dans leurs maisons, et de traiter eux-mêmes, sans intermédiaire, avec les puissances du pays dans toutes les affaires d'importance. »

Par cet arrangement bien simple et bien naturel, les Echelles auroient toujours été administrées par des hommes expérimentés et les depenses d'administration auroient été diminuées; parce qu'au lieu d'un Consul sourd et muet, pour ainsi dire, d'un élève vice-consul, au moins très inutile, et de deux Drogmans qui font tout, on n'auroit plus eu besoin que d'un Consul qui se seroit présenté dans les occasions essentielles, et d'un seul Drogman qui, chargé du détail, auroit traité les menues affaires sous l'inspection d'un homme en état de le diriger.

D'après ce plan, le nombre des Jeunes de langue elevés au College de Louis le Grand, et qui est fixé à dix, n'auroit point paru suffisant pour remplir toutes les places dans les Echelles, surtout en prenant le parti d'élaguer, ainsi que le veulent la raison et la justice, les sujets qui n'ont aucune disposition pour l'étude des langues; et dans ce cas on auroit promulgué que ceux qui auroient étudié au Collège Royal de France le turc, l'arabe et le persan, pourroient aspirer à ces mêmes places, en commençant toujours par le Drogmanat; attendu que ce n'est que dans le Drogmanat qu'on apprend a bien connoître le génie, les mœurs, les usages et les loix du pays.

Alors on auroit vu les chaires des professeurs d'arabe, de turc et de persan, au College Royal, entourées d'une foule de jeunes gens, qui auroient eu un but utile dans leur étude, et qui auroient suivi les leçons avec zele et assiduité; alors on auroit vu naître, entre les élèves du College de Louis le Grand et ceux du College Royal, une émulation qui auroit un jour tourné au profit de nos interests politiques et commerciaux; alors on auroit vu s'établir entre la France et le Levant, comme cela existe deja depuis longtems entre Calcutta et Londres, une correspondance interressante, qui auroit avancé les progrès de la littérature orientale, dans laquelle il reste encore beaucoup de decouvertes a faire, beaucoup de mines abondantes a exploiter.

Tant d'avantages reunis, et si longtems negligés, sont bien dignes de fixer l'attention du legislateur. On peut aisément parvenir a les receuillir, non par une augmentation de depenses, mais par une économie remarquable dans celles actuellement existantes. Il ne s'agit que de faire pour l'administration de nos Comptoirs orientaux ce qui vient d'etre etabli pour la Marine, pour l'Artillerie, pour le Genie et prononcer :

« Que nul ne pourra pretendre a une place de la Diplomatique en Levant, en Barbarie, dans le Iemen, et dans la presqu'isle des Indes, qu'apres avoir subi un examen public sur les langues orientales et avoir obtenu un certificat de capacité en ce genre d'étude, de la part de l'examinateur nommé pour cet objet. »

Selon l'esprit de cette loy, l'aspirant entretenu, ou non entretenu, apprendroit en France la théorie des langues orientales; de là il passeroit en qualité de Jeune de langue à Constantinople, pour perfectionner ses études; ensuite il serviroit en qualité de Drogman, soit à Constantinople, soit dans les autres Echelles. Et après avoir fait ses preuves de capacité dans cette carrière, il parviendroit a son tour et suivant son merite à une place de Vice-Consul, de Consul particulier, et de Consul general. Parmi les Consuls generaux, on choisiroit le plus capable, pour remplir l'Ambassade de Constantinople. Et comme il est essentiel que le premier Drogman de cette capitale soit toujours un homme de merite, celuy qui exerceroit cette place auroit le grade et les appointements de Consul general et pourroit en cette qualité concourir avec les autres pour l'ambassade. Il seroit censé d'autant plus propre à cette place majeure qu'il l'auroit déjà gérée secondairement.

Il est impossible de changer à Constantinople l'etiquette qui retient l'Ambassadeur dans son Hotel, mais au moins il composeroit luy même en turc ses memoires et ses lettres officielles pour la Porte; il feroit la traduction des pieces qui luy seroient communiquées par le Divan; et dans certaines conferences particulieres avec des emissaires du Ministere ottoman, il n'auroit besoin de personne pour transmettre ses idées[1].

Dans un *Mémoire pour les Affaires étrangères sur les Enfans de langue destinés à servir de drogmans ou interprètes dans les Échelles de Turquie*, on a soin de noter la fausse position de ces agents et les encouragements qu'il était utile de leur donner pour relever leur situation :

Mais ce qui a toujours vicié l'institution des interprètes est le découragement que l'ancien Gouvernement avoit la maladresse d'attacher à cet état. Au lieu d'y maintenir une émulation proportionnée au pénible qui l'accompagne, soit pour l'étude de langues difficiles, soit pour les relations avec des gens fanatisés d'un orgueil religionaire et versant sur tous ceux qui ont affaire à eux l'odieux du despotisme sous lequel ils gémissent, l'ancien Gouvernement multiplioit les dégoûts.

Les interprètes étoient aussi maltraités du côté de la considération à laquelle tout citoïen a droit en raison de ses services que du côté de la fortune. Réduits à des apointemens insuffisants, ils n'avoient aucune perspective consolante. Les consulats auroient dû leur apartenir et être la récompense de leur zèle et de leur travail. La justice et le bien du service le demandoient. Ils en étoient exclus. Vieillis dans les affaires, ils étoient continuellement exposés, malgré leur âge et leur expérience, à être sous les ordres durs de protégés qui arrivoient avec le titre de Consul sans aucune connaissance du païs et de la nation vis-à-vis de laquelle il falloit traiter. Une ordonnance de 1781 confirma cette exclusion. Cette ordonnance qui embrassoit tout le régime des Echelles du Levant auroit été funeste à nos établissemens si son ridicule n'eût forcé à la révoquer partie par partie. On a eu l'ineptie de donner pour raison de cette exclusion qu'il ne convenait point de présenter aux Turcs avec le titre de Consul des personnes qui auroient été subalternes comme interprètes. Ce raisonnement étoit pour un païs ou journellement un marchand de pomme ou une personne d'une profession de ce genre est revetu des premieres places, parvient à celle de

[1] Ce Mémoire existe en triple exemplaire; fol. 2-11, 12-18, copié ici, et 19-25. — Bibliothèque Nationale, Fr. Nouv. Acq., 9137, fol. 12-18.

Pacha et de Grnad Vesir, y retient le surnom de son premier état, sans que la considération attachée à sa dignité en reçoive la moindre atteinte.

Les vrais motifs de cette exclusion étoient que le premier commis désiroit retenir les consulats pour en pourvoir ses parens et ses créatures et que dans sa rivalité continuelle avec l'Ambassadeur à Constantinople, il appréhendoit que celui-ci n'influençât les nominations si les consulats étoient donnés aux interprètes qui nécessairement se trouvoient sous les ordres immédiats de l'Ambassadeur.

En 1786, le Ministre de la Marine, frappé des observations qui lui étoient présentées, prit des décisions particulières qui préparoient l'introduction des Drogmans ou interprètes dans les consulats, lorsque les élèves vice-consuls dont la création étoit un des ridicules de l'ordonnance de 1781 auroient été pourvus de places.

Il y a depuis longtems à Vienne une institution d'élèves en langues orientales. Elle a produit un bien plus grand nombre d'interprètes d'un mérite distingué, que la notre. La raison en est dans la considération que les Allemands ont attachée à cet état. Ces interprètes parviennent à d'excellentes places et remplissent souvent celle de Secrétaire de légation et de Ministre à Constantinople. La République de Venise a le même avantage parce qu'elle a toujours accordé beaucoup de faveur à ses interprètes. Le même moïen procure le même résultat à la Russie. Quant aux autres nations dont les rapports politiques et commerciaux sont moins importans, elles emploient pour interprètes des gens nés dans le païs. Elles les encouragent par de forts apointemens et des graces versées sur leurs familles, mais elles sont toujours moins sûres de ces agens étrangers à la nation qu'ils servent.

Depuis très longtems la position de nos établissemens en Turquie est très désagréable. Ils y sont exposés ainsi que nos navigateurs à des vexations et des injustices criantes. Il est presque toujours impossible d'en obtenir satisfaction. Cette position est un effet de la mollesse de l'ancien gouvernement, qui n'a jamais pris un parti de rigueur à cet égard. Le gouvernement turc n'a que deux mobiles dans sa conduite vis-à-vis des nations étrangères, l'argent qu'on lui donne, ou la crainte qu'on lui inspire [1].

L'auteur du *Projet d'un plan d'éducation pour les Enfants de langue que l'Etat fait élever à Paris* remarquait :

Dans tous les tems on a admis indistinctement dans cette école des jeunes Français, nés en France, et en Levant, mais on a donné la préférence aux enfants des

[1] Bibliothèque Nationale, Fr. Nouv. Acq. 9137, Papiers de Venture de Paradis, 4, fol. 33-35.

Drogmans, taut par justice que par convenance : 1° parce que les Drogmans sont si mal payés quoiqu'ils soient les officiers les plus utiles de la Turquie, qu'il a bien fallu au moins prendre soin de l'éducation de leurs enfants; 2° parce qu'on a vu tres souvent que les enfants qui ne tenoient point à la Turquie par leur famille, n'attendoient que la fin de leur première éducation pour renoncer à une carrière qui n'offrait pour eux que l'exil et des privations. L'auteur de cette note, qui a été élevé dans cette école, avoit neuf camarades dont cinq étoient nés en Turquie et quatre en France. Trois de ces derniers demandèrent leur licenciement à la fin de leurs cours : ses trois camarades se nommoient Volant, Labadie et Le Moine; les deux premiers étoient de Versailles et le dernier de Clermont; le quatrième, nommé La Salle, passa en Levant, où il a resté quelques années, mais enfin, effrayé par la peste, et dégouté par la pédanterie consulaire, plus difficile à supporter que la morgue ottomane, il a quitté ce service et s'est retiré à Chalabre, le lieu de sa naissance.

Depuis 1791, on a fait partir successivement pour Constantinople cinq Enfants de langue, Roustan, Viet aîné, Viet jeune, Helin et Augustin Fornetti[1], et l'École est maintenant réduite à quatre Eleves, auxquels doit se joindre le petit Simian, qui a été nommé depuis quelque tems, et qui est le fils d'un Drogman qui sert dans les Echelles. On a differé à demander le remplacement des autres, parce qu'on a supposé que dans l'organisation de l'Institution publique que l'on médite, il y aura quelque disposition particulière pour cette fondation.

Depuis longtemps on a senti que l'éducation que reçoivent les Enfants de langue pourroit être plus adaptée au service auquel ils sont destinés et aux pays où ils doivent vivre. Sous le Ministère de M. de Sartines et sur l'avis de M. St. Priest, alors ambassadeur de France à la Porte Ottomane, on avoit voulu les retirer du Collège Louis le Grand pour les mettre dans une maison particulière sous l'inspection immédiate d'un Secrétaire-Interprète qui eût été chargé de leur entretien et qui eût dirigé leur éducation; mais le Parlement, en sa qualité de protecteur de toutes les fondations publiques, refusa sa sanction à cet arrangement et les Enfants de langue

[1] « Je suis très fâché d'assurer affirmativement que ces cinq jeunes gens ne seront jamais tous les cinq que des sujets très médiocres; heureusement, ils ne sont pas vicieux. » [Par l'auteur de la Note.]

Fornetti est un nom bien connu dans les annales du drogmanat : « Le personnel de l'Ambassade fixé à Constantinople se composait des deux Drogmans, Fornetti et Fontaine. Le premier appartenait à une ancienne famille de Péra, au service de la France depuis le milieu du XVIe siècle. Il avait une profonde connaissance des langues orientales et on lui reconnaissait une excellente éducation classique. Le second, originaire de Naxos, avait plus d'activité et d'énergie que son collègue. » Ch. Schefer, *Préf.*, p. XI, *Journal d'Antoine Galland.*

ont continué jusqu'à présent à apprendre du latin et du grec littéral comme s'ils étoient destinés à être des docteurs en Sorbonne.

Obligés de suivre les cours usités dans les collèges, ils ne peuvent s'appliquer qu'en passant et très légerement à apprendre les éléments des langues turque, arabe et persanne, qui doivent être la base de leur profession, et ils arrivent à Constantinople n'ayant point assez de fonds pour pouvoir se former eux-mêmes. Cela est d'autant plus fâcheux qu'ils n'y trouvent point de secours, car les effendis turcs qui se mêlent d'enseigner ne savent absolument que leur propre langue. Aussi qu'arrive-t-il? la plupart de ces jeunes gens se dégoûtent d'une étude qui demande au moins quinze à vingt ans d'une application suivie; ils se contentent d'apprendre à parler, et parmi tous les drogmans des Echelles à peine en citeroit-on huit qui soient en état d'entendre un firman de la Porte et de pouvoir tenir une correspondance avec les puissances musulmanes.

Dans un moment où l'on s'occupe de l'Education publique, on devroit aussi penser à prendre les meilleurs moyens pour former une pépinière de sujets necessaires à nos relations politiques et commerciales avec la Turquie, la Barbarie, et les Indes Orientales[1]. Une éducation particulière amenerait plus surement à ce but que celle qu'on a mis en usage jusqu'à présent.

A cet effet on rassembleroit dans une maison commode douze enfants à l'âge de dix, ou onze ans au plus tard, sachant déjà lire et écrire. Huit de ces enfants seroient destinés pour la Turquie et la Barbarie, et les quatre autres pour les Indes Orientales. L'étude principale des premiers seroit le turc et l'arabe; et celle des derniers seroit l'arabe et le persan; car on ne peut savoir à fond cette dernière langue qu'en sachant l'arabe.

On leur apprendroit à tous autant de latin qu'il en faut pour entendre les dictionnaires et les grammaires que des savants européens ont faits pour l'étude des langues orientales, mais on dirigeroit plus particulierement leur application vers la langue française et des différentes langues orientales, suivant leur destination. Cette fondation seroit confiée à un Secrétaire-Interprète, qui seroit chargé de l'entretien de ces élèves et qui choisiroit un instituteur en état de leur inspirer de bonnes mœurs, et de leur enseigner la langue française, la latine, l'histoire, la géographie; le Secrétaire-Interprète leur enseigneroit les langues orientales.

Pour encourager ces jeunes gens à vaincre le dégout des éléments de ces langues, le Ministre devroit avoir la complaisance de les venir visiter de tems à autre, et de

[1] « On n'a jamais pensé que puisque nous voulons avoir des établissemens dans les Indes il est absolument nécessaire d'y avoir des sujets qui sachent bien le persan, qui est la langue diplomatique de ces contrées. » [Par l'auteur de la Note.]

promettre une légère récompense à celui qui lui présenteroit la meilleure traduction de quelques morceaux d'ouvrage oriental.

Ceux d'entre eux qui seroient les plus avancés, seroient conduits à quelques cours publics de phisique et de botanique, et à l'âge de dix-huit ans on les feroit passer à Constantinople ou à Pondicheri, pour continuer leurs études et apprendre à bien parler les langues orientales jusqu'au moment où ils pourroient être placés.

Les jours de promenade et de récréation, qui seroient le dimanche et le jeudi, seroient spécialement consacrés au dessein.

Ceux de ces jeunes gens qui, à l'âge de 13 ans, ne montreroient aucune disposition pour l'étude des langues orientales, seroient renvoyés à leurs parents.

Il semble qu'en adoptant ce plan d'éducation, on pourroit se promettre d'avoir de bons sujets. Il ne faudrait plus adjouter à cela qu'un seul Règlement; ce seroit celui d'annoncer que dorénavant les Consuls de la République et les autres agens qu'elle entretient pour ses relations politiques et commerciales, en Turquie, en Barbarie, et dans les Indes, ne pourroient être remplacés en cas de mort, ou de retraite, que par des personnes qui joindroient aux qualités nécessaires pour remplir ces places, le talent de lire et de parler les langues orientales, soient qu'elles aient été élevées à l'Ecole des Enfants de langue, soient qu'elles se soient formées elles-mêmes, afin qu'elles puissent elles-mêmes traiter les affaires publiques avec les puissances du pays, sans avoir besoin d'interprète[1].

Mais dès que la Révolution éclate, les drogmans et les Jeunes de langues se dispersent et, malgré les critiques dont ils sont l'objet, on les regrette.

Quoique l'éducation que recevoient ces enfants chez les Jésuites, et ensuite chez les docteurs de l'Université, ne fût point entierement adaptée à l'état auquel ils étoient destinés, et que leur tems fût trop absorbé par l'étude du latin et du grec, cependant il en est sorti d'excellents sujets, et la preuve en est que tous ceux de nos anciens Drogmans qui ont lachement abandonné leur poste pendant cette revolution, ont été recherchés par les Puissances etrangeres et employés comme premiers interprètes dans leurs légations.

[1] « Quant aux dépenses nécessaires pour cet établissement, on peut les évaluer à peu près à 16 mille livres, non compris le loyer du local, et le trousseau qu'il est nécessaire de donner à l'élève que l'on envoit en Levant. » — Bibliothèque nationale, Fr. Nouv. Acq., 9137, Papiers de Venture de Paradis, 4, fol. 36-39.

Dans ce moment il n'y a plus dans ce collège qu'un seul Enfant de langue, nommé DESGRANGES, qui y a été admis le 16 octobre 1792. Ceux qui depuis cinq ans ont été envoyés en Turquie n'ont point été remplacés, et la plus part de ceux-ci, entrainés par le delire de leurs parens émigrés, ont renoncé à leur patrie et à la carriere pour laquelle ils avaient été élevés. FONTON d'Alep, VIET, et ROUSTAN Cadet, sont les seuls qui soient restés. Le nombre de ces Jeunes de langue a été augmenté par deux sujets français pris sur le pays, mais ayant reçu leur éducation dans le Levant, et quelque bien qu'ils puissent réussir, il leur manquera toujours de connoitre la France qu'ils doivent servir.

Ces cinq Jeunes de langues, parmi lesquels un seul, FONTON d'Alep, annonce de vrais talens, sont la seule ressource pour le remplacement de nos Drogmans dans les Etats musulmans, où il faut environ 45 sujets.

Quoique beaucoup d'Echelles de Turquie manquent de Drogmans dans ce moment, cependant rien ne souffre encore, attendu la nullité de notre commerce et de notre navigation occasionnée par la guerre maritime; mais dès que la paix générale leur permettra de reprendre leur activité ordinaire, on se verra forcé d'employer provisoirement pour le service des Drogmans sujets ottomans qui ne peuvent dans leurs fonctions déployer le zele, le caractere et l'intégrité qu'exigent les interets de la République[1].

Le Directeur de l'École des Jeunes de langues était alors M. DE CHAYOLLE. Auguste de Chayolle, né à Paris le 17 janvier 1748, élève en langues orientales, fut attaché en septembre 1765 à l'ambassade de Constantinople où il demeura jusqu'en mai 1769, époque à laquelle il fut nommé drogman à Alexandrie; il y resta comme drogman et chancelier jusqu'en mai 1784; nommé vice-consul à Bagdad, le 31 août 1783, avec l'autorisation de prendre d'abord un congé pour rétablir sa santé, il arriva à Paris en juillet 1784; le Maréchal DE CASTRIES, alors Ministre de la Marine, lui confia divers travaux sur le Commerce des Échelles du Levant; l'état de sa santé obligeant Chayolle à demeurer en France, il reçut, le 29 mars 1786, une pension de retraite de 1,500 francs qu'il cessa de toucher en 1793, lors-

[1] *Mémoire*, fol. 46-50.

qu'on exigea des pensionnés un certificat de civisme et de pauvreté. VENTURE, secrétaire-interprète à Paris, ayant été désigné en 1787 pour une mission à Alger, pendant son absence, qui dura jusqu'en décembre 1790, Chayolle fut chargé de la direction et de l'administration de l'École des Jeunes de langues.

En juin 1793, Venture ayant été chargé d'une nouvelle mission à Constantinople, d'où il revint à la fin de 1797, et peu de mois après ayant reçu l'ordre de suivre l'armée d'Orient qui se rendait en Égypte, où il mourut l'année suivante, Chayolle reprit la direction des Jeunes de langues (juin 1793), qu'il continua gratuitement jusqu'en septembre 1802, époque à laquelle il reçut un traitement de 3,000 francs. Kieffer succéda à Chayolle dans la direction des Jeunes de langues.

Jean-Daniel KIEFFER, fils de Jean-Frédéric Kieffer et d'Ève Ott, son épouse, est né à Strasbourg le 4 mai 1767. Attaché au secrétariat du Comité de Salut public, en qualité de traducteur pour la langue allemande, le 23 novembre 1794 (3 frimaire an III), il fut employé comme secrétaire-interprète pour les langues orientales, pendant huit ans, à Constantinople, et depuis à Paris. Deuxième secrétaire-interprète à Constantinople le 13 ventôse an IV (3 mars 1796), il fut, après Aboukir, prisonnier trois ans aux Sept-Tours, avec Ruffin. Le 29 fructidor an X (16 septembre 1802) il était nommé secrétaire-interprète attaché au Ministère des Affaires étrangères, et, en cette qualité, il fut chargé en l'an XII (1803) d'accompagner Saïd-Khalil Effendi, ambassadeur turc à Paris. À la Restauration, il fut nommé deuxième secrétaire-interprète du Roi à Paris, par ordonnance du 18 décembre 1816; premier secrétaire-interprète, par ordonnance du 9 novembre 1819; et chevalier de la Légion d'honneur le 22 janvier 1815. Kieffer, mis à la retraite en octobre 1829, est mort le 29 janvier 1833.

Quand Ruffin, conseiller de l'ambassade de France à Constantinople, quitta le cours de turc et de persan au Collège de France

(1784-1794), Kieffer fut chargé du cours de turc, tandis que Langlès faisait le cours de persan du mois de janvier 1793 au mois de janvier 1795. Plus tard, J.-B. PÉRILLE, titulaire de cette même chaire en 1795, ayant, fort âgé, été frappé d'une attaque, on proposa, le 24 messidor an XII (13 juillet 1804), de lui adjoindre Kieffer, recommandé par Talleyrand à Fourcroy, intérimaire à l'Instruction publique. Kieffer occupa au Collège de France, de 1822 à 1833, la chaire de turc, dans laquelle il fut remplacé par DESGRANGES, qui enseigna jusqu'en 1854. On verra plus loin que Kieffer avait porté le titre de Directeur des Jeunes de langues conjointement avec Jouannin.

Il vient d'être question de RUFFIN : Pierre-Jean-Marie Ruffin, né à Salonique le 17 août 1742, est mort à Constantinople le 19 janvier 1824; son père, premier drogman de la nation française à Salonique, était lui-même fils d'un agent de change de Paris; il « était venu en 1712 dans le Levant, comme élève en langues orientales, et mourut à Salonique en qualité d'interprète du consulat, après avoir consacré au service, pendant trente-six ans, ses talens et sa vie même; car il reçut un jour une blessure mortelle en défendant les intérêts des Français »[1]. Le jeune Pierre Ruffin, envoyé à Paris en 1750, entra à l'École des Jeunes de langues, dont il sortit en 1758; nommé en 1767 drogman en Crimée, il fut attaché dix ans plus tard à la mission du célèbre baron DE TOTT[2] auquel avait été confié à la fin de juin 1776, par le Ministère de la Marine, le soin de faire l'inspection générale des productions et des communications dans les Échelles du Levant, en Égypte et en Barbarie : Tott partit de Toulon au commencement de 1777, et rentra à Paris, après une absence de dix-sept mois, ayant visité la Canée, Alep, Alexandrie, le Caire, Larnaca,

[1] *Notice historique sur M. Ruffin*, par M. BIANCHI, Paris, Dondey-Dupré, MDCCCXXV, in-8°, p. 54.

[2] François, baron DE TOTT, né le 17 août 1733, à Champigny, près la Ferté-sous-Jouarre, mort en 1793 à Tatzmansdorf (Hongrie).

Smyrne, Salonique, l'Archipel, Tunis, etc. Nous ne suivrons pas Ruffin fait prisonnier par les Russes en Crimée et conduit en captivité à Saint-Pétersbourg, ni pendant l'ambassade de Saint-Priest dont il conduisit les négociations.

En 1774, Ruffin avait été rappelé à Paris pour remplir, à la place de Legrand et Cardonne, âgés et infirmes, les fonctions de secrétaire-interprète du Roi pour les langues orientales, et en 1784, il fut en outre nommé professeur de turc et de persan au Collège de France, titre qu'il conserva jusqu'en 1822; il fut suppléé, comme nous l'avons vu, par Langlès du mois de janvier 1793 au mois de janvier 1795, lorsqu'il fut de nouveau envoyé à Constantinople. L'affiche du Collège de France de l'an III donne ainsi le sujet du cours[1] :

Langues persanne et turque. — Pierre-Jean-Marie Ruffin, interprète national pour les langues orientales, ou, en son absence, Louis-Matthieu Langlès, garde-interprète des Manuscrits orientaux de la Bibliothèque nationale, donnera les *Principes de la langue persanne,* et expliquera les *Touzoukati-Tymour* ou *Instituts militaires de Tamerlan,* les Primedi, Tridi, Septidi et Nonidi, à quatre heures.

En 1793, sur la proposition de Descorches, marquis de Sainte-Croix, chargé d'affaires de France à Constantinople, Ruffin retourna en octobre 1794 dans cette ville, où il continua à diriger nos affaires sous les successeurs de Descorches, Verninac[2] et le général Aubert du Bayet, qui mourut en novembre 1797, laissant Ruffin en qualité de chef provisoire à la tête de la légation jusqu'à l'arrivée du général Carra Saint-Cyr[3]; enfin, nommé en janvier 1798 chargé d'affaires

(1) *Hist. du Collège de France,* par Abel Lefranc, Paris, 1893, in-8°, p. 293.

(2) Raimond Verninac Saint-Maur, né en 1762, à Gourdon (Quercy), mort le 1er juin 1822, à Mausle, près d'Angoulême; remplaça Descorches à Constantinople, où il fit son entrée à la fin d'avril 1795; rentra en France en mai 1797, après avoir été retenu six mois à Naples.

(3) Jean-François, comte Carra Saint-Cyr, né en 1756, mort à Wailly-sur-Aisne (Aisne), 5 janvier 1834; général de brigade, 1794,

auprès de la Sublime Porte, à la nouvelle de la destruction de la flotte de l'amiral Brueys, Ruffin, avec ses interprètes KIEFFER et DANTAN[1], fut emprisonné au château des Sept-Tours, ainsi que je l'ai déjà marqué; rendu à la liberté le 25 août 1801, Ruffin était encore à Constantinople à l'arrivée du général BRUNE; quand ce dernier quitta son poste le 12 décembre 1804, il laissa le premier secrétaire, PARENDIER, comme chargé d'affaires, jusqu'à son rappel le 24 septembre 1805; de nouveau, Ruffin se trouva à la tête de la légation, jusqu'à ce qu'il remit le service au nouvel ambassadeur, le général SEBASTIANI[2], arrivé le 10 août 1806. Ruffin resta à Constantinople, où il rendit les plus grands services en aidant à repousser l'attaque des Anglais. En 1814, Louis XVIII le nommait chargé d'affaires jusqu'à l'arrivée du marquis DE RIVIÈRE[3]. Ruffin était officier de la Légion d'honneur, et il avait été décoré de l'ordre de Saint-Michel; il avait été nommé correspondant de l'Institut le 8 février 1796.

Une proposition en l'an IV de supprimer l'École en pleine décadence ne fut pas adoptée, et « en l'an V, l'École, qui avait été distraite de la Marine et rattachée aux Affaires étrangères après un assez long débat avec le Ministère de l'Intérieur, était réorganisée sur un pied nouveau. Il est vrai qu'on semblait se préoccuper assez peu d'y faire entrer des fils de drogmans et d'y conserver la tradition des élèves orientaux; mais il faut dire, à l'excuse de M. DE TALLEYRAND, que la plupart des drogmans français avaient, pendant la Révolution, quitté

rejoignit l'armée des Côtes-du-Nord que commandait Aubert du Bayet; lorsque celui-ci fut nommé ambassadeur à Constantinople, il emmena Carra comme secrétaire d'ambassade. Carra épousa la veuve d'Aubert du Bayet.

[1] Joseph DANTAN mourut à Constantinople, le 2 juin 1813, laissant trois fils.

[2] François-Horace Bastien, comte SEBASTIANI, né à la Porta d'Ampugnano, village près de Bastia (Corse), 10 novembre 1772, mort à Paris, 20 juillet 1851; il avait été nommé général de brigade le 29 août 1803 et général de division le 21 décembre 1805; nommé ambassadeur à Constantinople en mai 1806; défendit cette ville contre les Anglais en février 1807; il revint en France en juin 1807; maréchal de France, 21 octobre 1840.

[3] Charles-François DE RIFFARDEAU, marquis, puis duc DE RIVIÈRE, né à la Ferté-sur-Cher le 17 décembre 1763, mort à Paris le 21 avril 1828.

IMPRIMERIE NATIONALE.

le service de la France et s'étaient dispersés. Les boursiers, au recrutement desquels le Premier Consul s'intéressa d'une façon toute particulière, car il avait pu, pendant l'expédition d'Égypte, apprécier la valeur de leurs services, étaient, en l'an x, au nombre de dix-huit. L'École était reconstituée telle qu'elle subsistait à la fin du règne de Louis XVI; et bien qu'annexée au Collège de Louis-le-Grand, elle garda jusqu'en 1826 son existence propre et son instituteur particulier[1]. »

Second Mémoire relatif aux Enfans de langues destinés à servir d'interprètes dans les Échelles de Turquie.

NOTE DES ÉLÈVES
QUI SE TROUVENT ACTUELLEMENT AU COLLÈGE DE L'ÉGALITÉ.

Il n'y a dans ce moment au Collège de l'Égalité que trois Enfans de langues, savoir :

Joseph Philibert Roustan, âgé de 16 ans, né à Constantinople. Son père y étoit interprète et y est mort de peste. Il étoit né en France. La mère s'est remariée au Cen Boÿer, négociant françois à Constantinople. Joseph Philibert Roustan est entré au Collège le 1er août 1788. Il pourroit être envoïé à Constantinople dans un an.

Alexandre Victor Adanson, âgé de 16 ans, né à Alexandrie, en Égipte. Il est entré au Collège le 21 novembre 1789 et pourroit être envoïé à Constantinople dans deux ans. Il est fils de Jean Baptiste Adanson, né en France, et présentement interprète et chancelier du Consulat de la République à Tunis. Sa mère est Livournaise.

Louis Desghanges, âgé de 9 ans, né à Paris, entré au Collège le 16 octobre 1792. Il ne pourroit être envoïé à Constantinople que dans cinq à six ans. Son père est architecte, demeure à Paris rue Gisle, n° 6, au Marais. Sa mère est morte. Elle étoit fille du Cen Cardonne, qui a été longtems interprète dans les

(1) Masson, p. 110.

Echelles du Levant et est mort secrétaire-interprète à Paris en 1784. C'est en considération des services de cet aïeul maternel que Louis Desgranges a été reçu Enfant de langues.

NÉCESSITÉ D'AUGMENTER LEUR NOMBRE.

Il paroitroit pressant, ainsi qu'il a été observé dans le premier Mémoire, d'augmenter le nombre de ces élèves et de le porter pour cette fois même au delà de celui de dix qui est le nombre fixé par l'institution de cet établissement. Les interprètes manquent dans les Échelles du Levant. Le service de la République en souffrira dans les Échelles.

FORMALITÉS POUR ÊTRE REÇU ENFANT DE LANGUES.

L'arrêt du Conseil du 20 juillet 1721, qui a fixé l'établissement des Enfans de langues, porte qu'ils seront nommés par le ci-devant Roi. Le Ministre qui avoit dans son département le Bureau des Consulats donnoit avis des nominations au Secrétaire-Interprète chargé de surveiller les Enfans de langues et au supérieur du Collège, qui sur cet avis recevoit les éleves. Quant aux enfans nés en Levant, l'Ambassadeur les proposoit, et sur la réponse du Ministre, ils étoient envoïés en France.

INSTITUTEURS DES ENFANS DE LANGUES.

Il y a deux instituteurs auprès des Enfans de langues. Le premier se nomme Coatpont et le second Martin. Ils restent avec les enfans, leur donnent des leçons de françois et de latin. Souvent ceux qui viennent du Levant ne savent point lire.

Le premier instituteur étoit nommé par le Ministre, qui consultoit pour ce choix les secrétaires-interprètes et le supérieur du Collège. L'instituteur précédent n'aïant point prêté le serment auquel il étoit tenu comme prêtre, il a été destitué vers le mois d'avril 1790. Le Directoire du département de Paris a nommé à sa place le C[en] Coatpont.

Le second instituteur, pris parmi les boursiers du Collège, étoit choisi par le supérieur du Collège, qui se concertoit à cet égard avec le premier instituteur, auquel le second étoit subordonné.

MAÎTRES D'ÉCRITURE ET DE DESSEIN.

Il y a un maître d'écriture et un maître de dessein. Le premier se nomme le C[en] Le Loup et le second le C[en] Cloquet.

LEÇONS EN LANGUES ORIENTALES.

Lorsque les élèves sont assés avancés en latin et en françois pour connoître les règles de la grammaire, on leur apprend les élémens des langues turque, arabe et persanne. Ces leçons leur sont données par le Secrétaire-Interprète chargé de les surveiller; le citoïen Ruffin, secrétaire-interprète, leur en donnoit aussi au Collège ci-devant Roïal, où il donnoit un cours en langues turque et persane.

Il est nécessaire d'attendre pour enseigner les élémens des langues orientales aux élèves, qu'ils connoissent la grammaire françoise ou latine. Il est indispensable, pour apprendre bien d'autres langues, d'en savoir une par principes.

DÉPENSES RELATIVES AUX ENFANS DE LANGUES.

Toutes les dépenses relatives aux Enfans de langues sont païées par l'État. Il n'y en a aucune à la charge de ces élèves ou de leurs parens, à l'exception des petites dépenses d'agrément.

DÉPENSES QUI SONT PAÏÉES À L'ADMINISTRATION DU COLLÈGE.

Il est païé à l'Administration du Collège :

1° *Cinq cent livres* de pension pour chaque élève. Moïennant cette somme le Collège est chargé de les nourrir, chauffer, éclairer, et de les faire soigner dans les cas de maladies. L'Administration du Collège a fait des représentations sur l'insuffisance de cette pension, depuis l'augmentation des denrées.

2° *Cinq cent quarante livres* pour la nourriture du premier instituteur. Le second étant toujours un Boursier du Collège, il y a sa nourriture. Il n'est rien païé pour cet objet.

3° *Sept cent livres* pour les apointemens du 1er instituteur et *trois cent livres* pour ceux du second.

4° *Cinq cent soixante livres* dont 360 pour la nourriture et 200 pour les gages du domestique.

L'Administration du Collège de l'Égalité reçoit ces diverses sommes de la Trésorerie nationale sur l'ordonnance du Ministre.

APOINTEMENS DU MAÎTRE D'ÉCRITURE.

Le maître d'écriture a *trois cent livres* d'apointemens. Il les retire lui-même de la Trésorerie sur l'ordonnance du Ministre.

APOINTEMENS DU MAÎTRE DE DESSEIN.

Le maître de dessein a *trois cent livres* d'apointemens. Il n'y a que cinq à six ans qu'il a été donné aux enfans de langues. Il est païé par le Secrétaire-Interprète, qui comprend cette dépense dans son compte.

DÉPENSES D'ENTRETIEN.

Un des deux Secrétaires-Interprètes en langues orientales est chargé de surveiller tout ce qui a raport aux Enfans de langues et du soin de leur entretien. Cet entretien comprend l'habillement d'hiver et d'été, le linge, la chaussure, l'accomodage, le blanchissage, le papier et les livres nécessaires à l'instruction. Il fournit ses états par quartier au Ministre, qui en ordonne le remboursement.

Il étoit accordé aux Enfans de langue vingt-quatre livres de gratification par chaque prix qu'ils remportoient au Collège et douze francs par chaque accessit. Cette dépense, lorsqu'elle avoit lieu, étoit comprise dans les états du Secrétaire-Interprète.

DÉPENSES AU DÉPART DES ENFANS DE LANGUES POUR CONSTANTINOPLE.

À la sortie du collège d'un Enfant de langues pour Constantinople, il lui est donné un trousseau en linge et en habits, il lui est païé les frais du voïage par la diligence de Paris à Commune-Affranchie et de là à Marseille. Il lui est en outre donné une gratification de 60 livres. Le Secrétaire-Interprète est chargé de fournir à cette dépense. Il en présentoit un état séparé au Ministre, qui le faisoit rembourser.

DÉPENSES DE LEUR SÉJOUR À MARSEILLE, DE LEUR PASSAGE À CONSTANTINOPLE, ET DE LEUR DEMEURE EN CETTE VILLE.

La dépense du séjour à Marseille, et du passage des élèves à Constantinople, étoit païée par la Chambre du Commerce de Marseille, ainsi que toutes les dépenses de ces élèves à Constantinople.

ORGANISATION DE L'ÉTABLISSEMENT DES ENFANS DE LANGUES; RAPPORTS DE CET ÉTABLISSEMENT À PARIS AVEC CELUI À CONSTANTINOPLE; ÉDUCATION À LEUR DONNER.

Il a été répondu à ces divers objets dans le premier Mémoire. On ajoutera ici quelques réflexions.

On répète qu'une connoissance, au moins légere, du latin seroit nécessaire aux Enfans de langues. Tous les dictionaires et les bonnes grammaires des langues turque, persane et arabe, sont en latin. En outre, les inversions de ces langues, leurs longues périodes approchent beaucoup plus de la langue latine que de la françoise.

Les Enfans de langues sont encore au Collège de l'Égalité. Les leçons générales qu'on donne à présent dans ce collège consistent en un cours de mathématiques. Il y a apparence que ce Collège sera supprimé. Dans ce cas, il sera nécessaire de pourvoir au logement et à la nourriture de ces élèves. On examinera alors si une pension particuliere pour eux devra être préférée à une pension générale, s'il conviendra de laisser subsister cet établissement à Paris, ou de le mettre dans une autre ville, ou à la campagne. Lorsque le nouveau plan d'éducation républicaine aura reçu son exécution, il sera plus facile de prendre une détermination à l'égard des Enfans de langues. Dans tous les cas, la fréquentation des écoles primaires sera précieuse pour eux. Destinés à vivre et à soutenir les intérêts de la République au milieu des nations étrangeres, ils doivent être encore plus fermes dans les bons principes républicains[1].

D'autre part, l'orientaliste LANGLÈS[2] envoyait dès 1790 à l'Assemblée nationale une Adresse[3] développant l'idée de créer une nouvelle École spécialement consacrée à l'enseignement des langues orientales

[1] Bibliothèque nationale, Nouv. Acq. Fr. 9137, Papiers de Venture de Paradis, 4, ff. 40-42.

[2] Louis-Mathieu LANGLÈS, né à Péronne le 23 août 1763; conservateur des livres orientaux de la Bibliothèque du Roi, professeur de persan à l'École spéciale des langues orientales, mort à Paris le 28 janvier 1824.

[3] *De l'importance des langues orientales pour l'extension du commerce, les progrès des lettres et des sciences.* Adresse à l'Assemblée nationale par L. LANGLÈS, Officier du point d'honneur et Chasseur volontaire de la Garde nationale parisienne. À Paris, chez Champigny, imprimeur-libraire, rue Haute-Feuille, n° 36, et à Strasbourg, chez Koenig, libraire, 1790, in-8°, pp. 40.

vivantes; il n'eut alors aucun succès, mais en 1795 il présentait un nouveau projet[1], adopté par LAKANAL, qui rédigeait immédiatement le rapport suivant :

RAPPORT de LAKANAL au nom des Comités réunis de l'Instruction publique et des Finances, sur le projet d'organisation d'une École de Langues Orientales.

Chez les peuples les plus éclairés de l'Europe, les langues orientales occupent un rang distingué dans tous les établissements consacrés à la propagation des lumières; ces langues, négligées en France depuis le commencement de ce siècle, ont été presque entièrement abandonnées pendant le cours de la Révolution.

L'enseignement de toutes les connaissances utiles est devenu l'objet de vos travaux les plus importants depuis la chute du moderne *Pisistrate*. Refuseriez-vous aux langues orientales une place dans l'instruction publique? Non; la nation française ne doit être étrangère dans aucun pays ni dans aucun siècle.

Négliger la connaissance des langues orientales qui servent d'organe à la diplomatie, ne serait-ce pas abandonner la carrière des consulats à des hommes incapables de stipuler utilement pour les intérêts de la République? Ne serait-ce pas rompre inconsidérément tous ses liens de correspondance avec les autres nations, détruire toutes ses relations extérieures? Je dirai plus, ce serait outrager l'humanité, qui vous fait un devoir de commettre les destinées de la nation française plutôt à la sagesse des négociations qu'à la décision du glaive.

Il s'agit d'examiner quelles sont les langues orientales les plus utiles, et surtout les plus convenables à notre situation présente; car leur domaine est très-vaste, et il ne sera pas inutile d'entrer dans quelques détails pour en déterminer les limites.

Ces langues peuvent se diviser en deux classes : les langues orientales vivantes et les langues orientales savantes ou mortes. Celles-ci embrassent le *sanscrit* et le *prâkrit*, langues de l'Indostan; le *zend*, le *pazend* et le *pehlvy*, langues de la Perse; enfin l'*hébreu*, le *chaldéen*, le *samaritain*, le *syriaque*, et toutes les autres langues bibliques.

La connaissance de ces diverses langues est indispensable pour approfondir les antiquités de l'Asie; mais les travaux de ce genre ne se poursuivent avec succès que

[1] [A. CARRIÈRE.] *Notice historique sur l'École spéciale des langues orientales vivantes*, Paris, Ernest Leroux, 1883, in-8°, pp. 55.

dans ce recueillement profond qui n'est pas compatible avec les agitations qui accompagnent inévitablement les grandes révolutions; chaque citoyen est alors comptable de tout son temps à sa patrie; il ne lui est permis de se livrer à des recherches de pure curiosité que lorsque son pays jouit, au sein d'une paix solide, des fruits tardifs de la liberté; les recherches qu'elle nous commande aujourd'hui sont de démasquer tous les traîtres, et non pas d'éclairer des monuments enfoncés dans la nuit des siècles écoulés, de poursuivre la tyrannie qui revêt tous les masques pour ressaisir la verge de fer et d'oppression, de frapper de mort le despotisme qui s'essaye sous toutes les formes contre la toute-puissance du peuple; c'est ainsi que dans la fable *Acheloüs* se transforme diversement pour échapper à *Hercule.*

Il n'en est pas ainsi des langues orientales vivantes. Il est instant d'en assurer l'enseignement, parce que sans elles il est impossible de négocier avantageusement avec les naturels de l'Asie. D'un autre côté, les savants et les artistes tireront de différents ouvrages orientaux, sur l'astronomie, la chimie, la médecine, des matériaux précieux pour les arts et les sciences. Enfin, parce qu'il est nécessaire d'éclairer les nations étrangères sur les calomnies répandues avec profusion contre nous par les Allemands et les Anglais; car les pamphlets émis par les presses de *Batavia* et de *Calcutta* ont nui davantage à la Révolution française, dans ces régions lointaines, que l'artillerie de toutes les Puissances liguées pour nous asservir.

Donnons maintenant la notice géographique des principales langues orientales vivantes.

Le chinois présente des difficultés insurmontables, malgré les efforts qu'ont faits pour les aplanir *Bayer, Fourmont, Kircher, Joli, Webb* et plusieurs missionnaires. La littérature chinoise est prodigieusement riche, comme on peut le voir par les matières répandues dans le quinzième volume des Mémoires concernant les arts et les sciences chez les Chinois, et par le catalogue des nombreux ouvrages de cette langue déposés à la Bibliothèque nationale. Ces trésors littéraires auraient été longtemps inutiles aux étrangers, si les Tartares Mantchoux, maîtres de la Chine en 1644, n'eussent créé plusieurs *tribunaux de savants*, uniquement occupés à traduire tous les livres chinois en mandchou. Cette dernière langue est incomparablement moins difficile; elle a un alphabet, une grammaire, en un mot, *on y voit clair,* dit le savant *Amyot.* Elle peut suppléer au chinois dans les opérations commerciales comme dans les lettres; elle est la mère langue de tous les idiomes tartares usités dans le nord de l'*Asie.* Nous avons un dictionnaire *mandchou* en trois volumes. Les événements qui ont battu depuis cinq ans la France et les lettres ont retardé la publication de quelques autres bons ouvrages destinés à populariser la connaissance de cette langue.

Le japonais, employé dans les trois îles qui composent le royaume oriental de tout notre continent, est une espèce de dialecte du chinois, et présente conséquemment de grandes difficultés. Il est défendu aux naturels du pays de l'enseigner aux *Hollandais*, les seuls Européens reçus au Japon. Nous ne possédons qu'un petit vocabulaire japonais, publié à Rome par le père *Collado*, une grammaire et un vocabulaire de cette langue dans le troisième volume des voyages de *Thunberg*.

Le *thibétain*, qui ne se parle que dans le royaume dont il porte le nom, mais que l'on cultive dans toutes les contrées orientales et septentrionales de l'Asie, renferme les livres dont les impostures sacrées peuvent être regardées comme l'origine de toutes celles qui exercent aujourd'hui la crédulité des hommes. Le père *Giorgi* a publié, en 1772, un ouvrage intitulé : *Alphabetum thibetanum*, rempli de la plus vaste érudition, mais insuffisant pour apprendre cette langue, qui d'ailleurs ne peut être jusqu'à présent d'aucune utilité dans nos relations politiques.

Le *malais*, langue originaire de la presqu'île de *Malacca*, est usité dans toutes les îles de l'océan Indien. Tous les voyageurs s'accordent sur l'utilité de cette langue pour le commerce. Les Portugais, les Anglais et les Hollandais ont publié des livres élémentaires de cette langue; elle s'écrit avec les caractères arabes, auxquels on ajoute quelques points pour leur donner une nouvelle valeur.

Les idiomes vulgaires de l'Inde sont le *tamoul*, qui se parle depuis la côte d'Orixa jusqu'au cap Comorin et à Cochin, le *talinga*, le *more*, l'*indostani*, qui s'apprennent plutôt par l'usage que par le secours des professeurs.

Le persan est nécessaire dans les relations avec le *Nabab*, mais il diffère de celui qu'on parle en Perse, soit par la prononciation, soit par la conformation des lettres. La Compagnie des Indes, en Angleterre, prodigue tous les ans des sommes considérables pour encourager l'étude du persan. Cette langue offre de grandes richesses en poésie : *Saadi*, *Hafiz*, *Djamy* et une foule d'autres écrivains ont prouvé que leur nation ne le cédait pas aux Arabes, soit pour l'imagination, soit pour la fécondité. Elle a même plus de grâce et de goût dans le style, et c'est à juste titre que l'on nomma les Persans les Français de l'Asie.

L'arabe est répandu dans tous les États musulmans, dans presque tout le midi de l'Asie, dans une grande partie de l'Afrique et en Barbarie, d'où nos départements méridionaux tiraient autrefois leur blé et diverses autres denrées nécessaires à leur consommation. La littérature arabe est très riche; elle possède, entre autres ouvrages précieux, des traductions du grec dont les originaux ne sont pas parvenus jusqu'à nous. Les livres élémentaires destinés à faciliter l'intelligence de la langue arabe sont nombreux, et cependant il n'en existe aucun en français.

IMPRIMERIE NATIONALE.

Le turc offre peu de ressources pour la littérature, mais nos relations avec la Porte Ottomane ne nous permettent pas d'en négliger l'étude.

L'utilité publique et commerciale doit seule nous guider dans le choix des langues orientales à enseigner. Au *persan*, au *turc*, à l'*arabe*, au *malais* et au *tartare de Crimée*, nous pourrons ajouter dans la suite le *tartare mandchou*, si nous reprenons nos relations avec la Chine.

Quelques-unes des langues dont nous venons de parler étaient enseignées dans le ci-devant Collège de France. Mais cette branche d'enseignement n'était pas convenablement placée. Les manuscrits et les imprimés en langues orientales, d'une rareté et d'une cherté excessives, manquaient à la fois aux professeurs et aux élèves; les uns et les autres étaient privés des secours nécessaires au succès de leurs travaux. C'est dans la Bibliothèque nationale, c'est dans ce dépôt de tous les éléments de l'instruction en ce genre, que doit s'élever le monument destiné à l'enseignement public des langues orientales.

Le Rapporteur présente un projet d'organisation, qui est adopté[1].

Ce rapport était accompagné du Décret-Loi du 10 germinal an III (30 mars 1795), portant qu'il sera établi, dans l'enceinte de la Bibliothèque nationale, une École publique destinée à l'enseignement des langues orientales. Tels étaient les débuts de l'établissement qui devait un jour rendre inutile l'École des Jeunes de langues.

Voici le texte du Décret-Loi :

La Convention nationale, après avoir entendu le rapport de ses Comités d'Instruction publique et des Finances,

Décrète :

ARTICLE PREMIER.

Il sera établi dans l'enceinte de la Bibliothèque nationale une École publique destinée à l'enseignement des langues orientales vivantes d'une utilité reconnue pour la politique et le commerce.

[1] Imprimé pages 27-31 du recueil : *Documents relatifs à la constitution et à l'histoire de l'École spéciale des langues orientales vivantes*, Paris, Imprimerie nationale, 1872, in-4°.

II

L'École des langues orientales sera composée : 1° d'un professeur d'Arabe littéraire et vulgaire; 2° d'un professeur pour le Turc et le Tartare de Crimée; 3° d'un professeur de Persan et de Malais.

III

Les professeurs feront connaître à leurs élèves les rapports politiques et commerciaux qu'ont avec la République française les nations qui parlent les langues qu'ils seront chargés d'enseigner.

IV

Lesdits professeurs composeront en français la grammaire des langues qu'ils enseigneront : ces divers ouvrages seront remis au Comité d'Instruction publique.

V

Le mode de nomination et le salaire des professeurs de langues orientales seront les mêmes que ceux des professeurs des Écoles centrales instituées par la loi du 7 ventôse dernier.

VI

Le Comité d'Instruction publique demeure chargé du règlement de police de l'École des langues orientales.

Visé, signé : S.-E. MONNEL.
Collationné, signé : PELET, *président;*
BODIN, C.-A.-A. BLAUD, *secrétaires.*

Les trois chaires de l'École des langues orientales eurent pour premiers titulaires : LANGLÈS, pour le persan, SILVESTRE de SACY, pour l'arabe, et VENTURE DE PARADIS, pour le turc.

La chaire de turc [avait été] occupée provisoirement par Joseph BEHENAM, vieillard de soixante-treize ans, né à Mossoul, qui avait perdu pendant la Révolution sa place d'interprète à la Bibliothèque nationale et reçu en assignats la valeur d'une collection de manuscrits orientaux cédée au même établissement. Cette nomination par intérim avait donc eu lieu à titre de dédommagement. Mais l'avis du Ministre de l'Intérieur était que « la place ne pouvait être bien remplie que par un drogueman du Levant », et on trouva bientôt un candidat qui satisfaisait à toutes les conditions. C'était VENTURE DE PARADIS, premier interprète de la légation française à Constantinople; il fut nommé professeur et prit possession de la chaire de turc en 1797, à son retour à Paris où il accompagnait l'ambassadeur ottoman Esseïd Ali-Effendi[1]. »

Jean-Michel VENTURE DE PARADIS, fils d'un ancien consul en Crimée, naquit à Marseille le 8 mai 1739; il passa par l'École des Jeunes de langues, y apprit l'arabe et le turc, et à quinze ans, il était attaché à l'ambassade de France à Constantinople, en 1757; interprète à Saïda, en Syrie, en 1764, il fut nommé en 1768 second drogman au Caire. Puis il fut attaché à la mission du baron de Tott dont nous parlons plus haut; en 1779, il est envoyé en qualité d'interprète-chancelier à Tunis, où il reste cinq ans; il revient à Paris pour remplir les fonctions de secrétaire-interprète. En octobre 1787, il remplaça comme Directeur des Jeunes de langues GILLY, envoyé à Marseille; ce dernier, successeur de Ruffin en mars 1780, était interprète depuis 1730; il est mort le 2 février 1793. Venture est envoyé, en 1788, à Alger pour régler différentes questions pendantes entre la France et le Dey, rentre en 1790 à Paris et, nommé secrétaire-interprète, il part, en 1793, comme interprète avec SÉMONVILLE[2], nommé ambassadeur à Constantinople; mais celui-ci est arrêté en Suisse par les Autrichiens, tandis que Venture, parti par Venise, arrivait à destination; comme nous l'avons dit, il ne revint en France qu'en 1797 avec Ali Effendi.

[1] CARRIÈRE, *loc. cit.*, p. 13.

[2] Charles-Louis HUGUET, marquis DE SÉMONVILLE, né à Paris le 9 mars 1759, mort le 11 avril 1839; il avait été nommé à Constantinople en remplacement de CHOISEUL-GOUFFIER.

Sa vie, écrit Carrière[1], se confond maintenant avec l'histoire de l'École. Dès les premiers mois de l'année 1798, « le Gouvernement donne l'ordre au citoyen Venture de se rendre à Toulon pour partir avec une expédition secrète ». Bonaparte l'avait choisi comme premier interprète de l'armée d'Égypte. Il obéit sans murmurer et emmena avec lui, en qualité d'interprètes, trois élèves de l'École des langues orientales, Amédée Jaubert, Raige et Belleteste; un quatrième, Marcel, était nommé directeur de l'imprimerie du corps expéditionnaire, place déclinée par Langlès à qui elle avait été tout d'abord offerte. Venture et ses élèves rendirent à l'armée d'Orient d'éminents services. Le journal d'Abd-er-Rahman Gabarti parle de lui en ces termes : « Venture était un drogman du général en chef. C'était un homme éloquent et aimable : il possédait parfaitement le turc, l'arabe, le grec, l'italien et le français. » Quant à Napoléon, le témoignage suivant, extrait de la relation dictée par lui de la campagne d'Égypte, montre en quelle estime il tenait son interprète : « C'était le premier orientaliste d'Europe. Il rendait avec élégance, facilité, et de manière à produire l'effet convenable, tous les discours du général en chef. » Malheureusement Venture, nommé membre de l'Institut d'Égypte, ne put supporter les fatigues de l'expédition de Syrie. Il fut atteint de la dysenterie au siège de Saint-Jean-d'Acre et mourut, pendant la retraite de l'armée française, en mai 1799. Amédée Jaubert, un des élèves de l'École qui l'avaient accompagné, lui succéda d'abord comme interprète en chef, puis, en 1800, après son retour d'Égypte, comme professeur de turc et secrétaire-interprète de la République pour les langues orientales. « En l'absence du citoyen Venture, le cours de turc avait été fait par un citoyen Ambroise, sur la personnalité duquel il nous a été impossible de trouver le moindre renseignement[2]. »

L'auteur du Mémoire déjà cité[3] constate qu'il « est nécessaire et indispensable de restaurer présentement l'École des Enfants de langue à Paris, afin de pourvoir les échelles de Drogmans qui soient Français et Français républicains, nourris de nos principes de liberté, et qui soient bien pénétrés de la grandeur et de la gloire de la République française. » Il ajoute :

Il paroit necessaire pendant quelques années de porter jusqu'à douze le nombre des Enfants de langue afin de pouvoir remplir avec plus de celerité les vacances

[1] *Loc. cit.*, p. 17. — [2] Les papiers de Venture que nous avons utilisés pour ce mémoire sont conservés à la Bibliothèque nationale. — [3] Bibl. nat., Fr. Nouv. Acq. 9137, fol. 46-50.

du Drogmanat. On reviendroit ensuite a celui de dix, qui est le nombre fixé par l'institution de cet établissement et qui a toujours été suffisant. Quant au choix de ces éleves, on ne doit [pas] s'écarter des principes qui ont dicté l'arret du 20 juillet 1721 cité ci-dessus : il faut les prendre à l'age de 9 à 12 ans au plus, alternativement de familles de Français habitant en France, et de celles de Consuls, Vice-Consuls, Drogmans, negocians et autres Français etablis dans le Levant. Ces deux dispositions sont à maintenir, parce que 1° on ne sauroit trop tôt familiariser les oreilles et la mémoire d'un enfant avec les mots d'une langue dont l'etude est aussi longue que pénible; 2° parce qu'outre qu'il est de justice de recompenser dans leurs enfans les ervice des Consuls, Vice-Consuls et Drogmans qui n'ont pas souvent le moyen de leur donner une éducation, le Gouvernement est assuré que ces sujets nés en Levant se fixeront dans l'État pour lequel il les fait elever, au lieu que l'experience a appris que parmi ceux qui sont nés en France, à la fin de leur éducation, effrayés par la perspective des desagremens auxquels ils vont etre exposés dans un pays si différent de celui où ils ont eu le bonheur de naitre, renonçent à la carrière à laquelle leurs parens les avoient destinés, ou s'ils se decident à aller en Turquie, le dégout et l'ennui les engageront bientôt à retourner dans leur patrie.

Il convient de faire passer en Turquie, à l'age de 16 ou 17 ans au plus, les Enfans de langue, qui ne peuvent recevoir en France qu'une premiere teinture des langues orientales. C'est à cet age que l'habitude des langues s'acquiert facilement. Les langues orientales présentent une grande difficulté, leur peu de rapport avec les notres et leur vaste etendue. La langue turque est immense, parce qu'elle admet tous les mots persans et ceux de la langue arabe, composée elle-meme d'une tres grande quantité de dialectes. De là vient que l'instruction de la nation turque est impossible tant que sa langue ne sera point fixée. Les doctes passent la vie à apprendre des mots; mais pour avoir de bons sujets, il faut, pour ne pas multiplier les depenses dans un tems ou des grands besoins se font sentir, on ne proposera point de transporter les Enfans de langue dans une maison particuliere ou on pourroit leur donner une éducation mieux assortie a l'etat auquel ils sont destinés. L'Ecole sera donc retablie dans le meme lieu ou elle a été jusqu'a present, c'est-à-dire au Collège de l'Égalité; et les éleves y occuperont le corps de logis qui leur est affecté et qui peut contenir douze eleves avec deux instituteurs et un domestique. Il reste de l'ancien établissement des meubles, des lits, du linge, des livres pour les éleves. Une somme de 4,600# environ suffiroit peut être pour fournir les objets qui peuvent manquer et parmi lesquels [illisible] est le principal. L'éducation de ces eleves destinés au service de la République dans des pays lointains et peu civilisés a besoin d'être soignée et il est essentiel de leur donner pour instituteurs des gens instruits et vertueux, en etat de former leur esprit et leur cœur. Ils doivent etre tous les deux d'un age mur, afin d'etre plus respectés par leurs éleves. Ce qu'ils enseigneront aux enfants qui leur seront confiés est principalement la langue française, le latin, les principes de la saine morale, la constitution de la Republique, l'histoire et la geographie. A mesure que ces eleves seront avancés, ils leur feront suivre les divers cours qui auront lieu au Collège de l'Égalité.

Ceux des éleves qui seront les plus instruits dans la langue turque seront affectés au College de Cambrai aux leçons des professeurs de cette langue orientale, ainsi qu'à celles qui ont lieu à la Bibliothèque nationale.

Leurs traitements réunis seront fixés à 4,000 livres par éleve. Il n'y a rien à desirer du côté des talents dans le premier instituteur qui est en place maintenant et qui prend soin du seul enfant de langue qui soit resté au College. Ses talents et ses mœurs le rendent digne d'etre à la tete de cette institution.

Le hasard offre aujourd'hui pour cet établissement un second instituteur qu'on ne trouvera pas aisément à remplacer. Il se nomme Ortis. C'est un ex-capucin sexagenaire, qui a été longtems à Constantinople préfet des Jeunes de langue, sous le nom de Père Ambroise. Dans le courant de la Révolution, il est retourné en France.

Il parloit bien le turc et le lit encore. Ce citoyen, homme probe et moral, aideroit à merveille le Secrétaire-Interprète instituteur pour les langues orientales. On n'alloue à ce dernier aucun appointement particulier pour les soins et les peines qu'il prend pour cette institution. C'est une tâche attachée à son emploi de secretaire-interprète du Ministre des Relations extérieures. Mais comme il a en même temps la surveillance de l'École sous le Ministre, il est d'usage qu'il passe dans les comptes des dépenses qu'il rend tous les six mois pour l'instruction des Enfans de langue, ses frais de voiture de Paris à Constantinople et qu'il [illisible] de fixer cet objet à 300 livres.

Il est aussi important de conserver dans cette École le maître d'écriture dont les appointements sont fixés à 300 livres par an, attendu que la pluspart des enfants qui viennent du Levant ne savent ni lire ni écrire. Ce maître d'écriture doit aussi lui même apprendre à bien former les lettres turques pour pouvoir donner des exemples à ses éleves. L'art de bien écrire est très estimé chez les Turcs, et un Drogman est souvent dans le cas de présenter des requêtes et d'écrire des lettres aux Pachas.

Pour encourager les progrez des Jeunes de langues, on avoit coutume de leur accorder 24 livres de gratification pour chaque prix qu'ils remportoient au Collège et douze francs par chaque accessit. Cette dépense étoit comprise dans les honoraires du Secretaire chargé de leur instruction. Il conviendra de continuer cet encouragement et de le faire accorder tous les six mois, à ceux qui se seront le mieux appliqués, sur le témoignage des instituteurs.

Un seul domestique à 600 livres de gage doit suffire pour le service des douze Enfants de langue, puisqu'ils sont tous réunis dans le même appartement.

Il reste de l'ancien établissement des meubles, des lits, du linge, des livres pour les études. Mais le linge, n'ayant point été renouvellé depuis tres longtems, est insufisant, et soit pour cet objet et quelques autres qui manquent, il faut une somme de 6,000 livres environ.

La pension des Enfans de langue étoit fixée à ci-devant 500 livres pour chacun. Moyennant cette somme, le College etoit chargé de les nourrir, chauffer, éclairer, et de les faire soigner dans les cas de maladies. L'Administration a fait souvent des representations sur l'insuffisance de cette pension, depuis l'augmentation des denrées. Il seroit juste de porter cette pension à 540 livres pour chacun des éleves comme pour chacun des deux instituteurs. On retiendra sur les gages du domestique, fixés à 600ᵗᵗ par an, trois cent soixante livres pour sa pension alimentaire. L'Administration du Collège de l'Égalité recevra ces diverses sommes de la Trésorerie nationale sur l'ordonnance du Ministre des Relations extérieures.

L'habillement annuel des Enfans de langue, pour dix habits complets d'hiver et dix habits complets d'eté, montoit, lorsqu'ils etoient dix, à 2,400 livres environ. Leur nombre devant être accru de deux, et les draps ainsi que les étoffes étant rencheris, on doit évaluer cet objet à 2,600.

Le reste de l'entretien comprend le linge qu'il faut renouveller de tems à autre, la chaussure, l'accomodage, le blanchissage, les menues dépenses de la chambre, les livres nécessaires à l'instruction, etc. On verra l'apperçu dans la recapitulation generale des dépenses de cet établissement.

DÉPENSES ORDINAIRES.

La pension de 12 Enfans de langues à raison de 540 livres par an pour la nourriture, chauffage, éclairage et dépenses et soins dans les cas de maladie	6,480 livres.
La pension alimentaire des deux instituteurs	1,080
Les appointements réunis de ces deux instituteurs	3,200
La pension alimentaire et les gages du domestique	600
Appointements du maître d'écriture	300
TOTAL à reporter	11,660

Report	11.660 livres.
Pour le vêtement annuel de douze éleves, consistant en 12 habits complets d'hiver et 12 habits complets d'eté environ	2,600
Pour papier, ancre et plume	200
Pour merceries, consistant en rubans, boucles, ballets, brosses, etc.	160
Pour raccomodage de linge	100
Pour raccomodage d'habits	100
Pour blanchissage	200
Au perruquier, pour accomodage journalier, poudre et pommade	300
Pour menues dépenses de la chambre, chaise, tabac, vitres cassées, etc.	200
Pour renouvellement annuel de linge et des bas, environ	600
Livres pour les études	150
Pour la chaussure	500
Pour chapeaux	250
Gratification à accorder aux quatre eleves qui font le plus de progrez	100
Gratification au Secrétaire-Interprete chargé de la surveillance et de l'entretien de l'École des enfans de langue, pour frais divers et ses peines et soins	300
	16,220? [17,420

DÉPENSES EXTRAORDINAIRES.

La traversée d'un enfant de langue venant du Levant à Marseille et de Marseille à Paris	700 livres.
Le trousseau d'un enfant de langue qui sort de l'ecole pour aller à Constantinople, consistant en deux habits complets en drap, 12 chemises, 12 mouchoirs, 2 paires de draps, 6 cravates, 6 serre-têtes, 12 paires de bas fil et coton, 2 paires bas de soye, 12 bonnets de coton, 1 chapeau fin, 6 paires de souliers, une [illisible], 60 livres de gratification, 300 livres pour la route de Paris à Marseille, en tout	1,600
	2,300

D'après ce tableau, cet établissement des Enfants coûtera annuellement seize mille 220 livres environ, tant que l'École sera composée de douze élèves; et lorsque le service permettra d'en réduire le nombre à dix, ce retranchement couvrira les dépenses extraordinaires qu'on peut évaluer une année dans l'autre à 2,300 livres.

Les considérations exposées dans ce Mémoire sont trop importantes pour douter que le Directoire exécutif n'autorise la prompte restauration d'une École qui a un objet si utile pour nos relations politiques et commerciales avec les États musulmans. En conséquence le Ministre des Relations extérieures lui propose le projet d'arrêté ci-joint [1].

Le Premier Consul avait en effet un besoin urgent de recruter un personnel nouveau pour ses projets en Orient; il avait décidé d'envoyer comme ambassadeur à Constantinople le général BRUNE [2], à cause de sa brillante carrière militaire, qui ne pouvait que relever notre prestige affaibli aux yeux des Ottomans. Brune s'embarqua à Toulon, le 29 novembre 1802, ayant quitté Paris le 22 octobre; deux vaisseaux de 74, escortés par une frégate et une corvette, transportaient l'Ambassade. Le but de la mission de Brune et les péripéties qui l'ont accompagnée ont été racontés dans un excellent article de la *Revue d'histoire diplomatique* [3], et nous nous contenterons de rappeler qu'elle prit fin par le départ de Brune de Constantinople, le 11 décembre 1804. Il y était arrivé le 6 janvier 1803.

Nous savons par la Liste nominative des passagers dressée à Toulon, par le Conseiller d'État, Préfet maritime du sixième Arrondissement, comment était composé le personnel de l'Ambassade [4] :

Le Scipion :

Table du Général : Le général BRUNE, Ambassadeur de la République; Madame BRUNE, son épouse; C^{en} VERNE, Secrétaire intime du Général, ayant rang de Chef de brigade; Madame VERNE, son épouse; PARANDIER, premier Secrétaire de

[1] Bibliothèque nationale, Fr. Nouv. Acq. 9137, ff. 46-50. Papiers de Venture de Paradis, 4.

[2] Guillaume-Marie-Anne BRUNE, né à Brives-la-Gaillarde, le 13 mai 1763; assassiné à Avignon en 1815; maréchal de France à son retour de Constantinople.

[3] L'ambassade du maréchal Brune à Constantinople (1803-1805), par P. COQUELLE (*Revue d'histoire diplomatique*, XVIII, n° 1, 1904, pp. 53-73).

[4] Je dois communication de cette liste à l'obligeance de M. Auguste BOPPE, Conseiller de l'Ambassade de France à Constantinople; elle fait partie de la collection de ce diplomate distingué, auteur de travaux estimés sur les pays d'Orient.

légation, rang de Chef de brigade; LAMARRE, second Secrétaire de légation, rang de Chef de bataillon; CHAUDERLOS, Commissaire général à Smirne; DUTASTA, 1er Médecin de l'Ambassade; DANTAN, 1er Drogman: 24 à 30 domestiques dont on fera connaître les noms.

Table des Officiers : BATUS, Drogman 2de classe à Constantinople; ROUSTAN, Drogman 2de classe à Smirne; PETIET, Aide de camp du Gal Brune; TILLIER, Secrétaire expéditionnaire; GUIGNET, *idem;* DUCROS, *idem;* B^te^ LUCE, *idem;* CHALLIER, *idem;* SOMMA CIPA, Drogman à Alep; DIJON, Drogman à Chipre.

La Syrène :

Table du Capitaine : GUILLEMET, Chef d'escadron 1er Aide de camp du Gal Brune; Madame GUILLEMET, son épouse; ROUBAUD, Chef d'escadron, Aide de camp du Général; Madame ROUBAUD, son épouse; RECORDIN, 3e Secrétaire de légation, rang de Chef de bataillon; CORANCEY, Commissaire général à Alep; RENAUD, Commissaire à l'île de Chipre; FOURCADE, aîné, Commissaire général à Synope; Madame FOURCADE, son épouse; FOURCADE, cadet, Sous Commissaire Chancelier à Smirne; RATÈS, Sous Commissaire à Sébastopol.

Table des Officiers : LEVASSOR, élève en diplomatie; BERNARD, Secrétaire; CANAVAS, Capitaine de cavalerie; Ant^e^ J^h^ DUCORROY, Instituteur de langues étrangères; Auguste Georges ANDREA, Élève de langues; Ant^ne^ Jerome DESGRANGES, *idem;* Alexis Henri Touss^t^ GILLY, *idem;* Joseph JOUANNIN, *idem;* MARTIN, *idem;* LEDOUX, *idem.*

Le Furet :

Table du Capitaine : MAGALLON, oncle, Commissaire général à Salonique; Lazare MAGALLON, Sous Commissaire à Rhodes; SIMIAN, 1er Drogman à Smirne; PUSSIC, 1er Drogman.

La Bergère :

Table du Capitaine : MUR, Commissaire général à Kerson; Madame MUR, son épouse; FROMENT CHAMPLAGARDE, Sous Commissaire à Candie; DUPRÉ, Sous Commissaire à Trébizonde; ALLIER, Sous Commissaire à Héraclée; MÉCHAIN, Sous Commissaire à Galatz.

Table des Officiers : MUR, fils; MUR, neveu.

La Tactique :

Table du Capitaine : VIAL, Commissaire à Coron; Madame VIAL, son épouse; FAUVEL, Sous Commissaire à Athènes; POISSAC, de Gênes, Sous Commissaire à Naples de Romanie.

Table des Officiers : Charles FERNETTI, Drogman 2de classe à Coron; Jn Maur GASPARI, *idem*, à Athènes.

L'Abeille :

Table du Capitaine : Alphonse GUYS, Commissaire à Tripoli de Syrie; HIVET, Chef de bataillon du Génie; VALTIER COURVILLE, Commissaire à Scio.

Table des Officiers : ASTIC, Drogman.

Toulon, le 28 brumaire an XI.

Le Préfet Maritime.

On voit que Jouannin avait été embarqué avec ses camarades sur la *Syrène* dès sa nomination; il n'allait pas tarder à voir ses services utilisés, aussitôt après l'arrivée de l'Ambassade à Constantinople.

Jouannin était dans cette ville depuis le 6 janvier 1803, lorsqu'il reçut du Ministère de la Guerre un brevet de sous-lieutenant dans la huitième demi-brigade légère, en vertu d'un décret du 17 février 1803; cette disposition n'eut pas de suite, parce que Jouannin préféra le service des Affaires étrangères, auquel il était déjà admis depuis plus de six mois.

Le 11 fructidor an XI (septembre 1803), le général Brune donnait ordre à Jouannin de s'embarquer sur le bâtiment français le *Jeune-Tropez*, capitaine TEISSEIRE, en chargement pour Trébizonde, où il devait porter M. DUPRÉ, Sous-Commissaire des Relations commerciales de France dans cette Échelle; le dessein du général Brune était de faire recueillir des notions géographiques sur les côtes de la mer Noire, encore presque inconnues aux Européens, dit le rapport de Jouannin. Les instructions furent adressées à ce dernier le 21 fructidor.

Jouannin visita plusieurs points de l'Anatolie et de la Crimée, et rentra à Constantinople, le 22 février 1804, après un voyage d'hiver long et dangereux.

Nous ne suivrons pas Jouannin dans les étapes de son voyage, dont nous possédons le journal : son navire leva l'ancre le matin du jeudi 5 complémentaire an XI, après avoir mouillé onze jours vis-à-vis la mosquée de Buyukdéré. On pourra rapprocher cette relation de celle de l'astronome BEAUCHAMP[1].

[1] L'astronome Joseph DE BEAUCHAMP est né le 29 juin 1752 à Vesoul; il mourut à Nice, le 19 novembre 1801. Dans la notice que lui a consacrée son maître Lalande dans les *Mémoires de l'Institut national des sciences et arts. — Sciences morales et politiques*, t. IV, Paris, Baudouin, vendémiaire an XI, pages 5-10, l'illustre astronome écrit : « Ce ne fut que le 3 mars 1795 que j'obtins, par le secours du citoyen Volney, sa nomination au consulat de Mascate en Arabie, et il vint à Paris le 27 mars. Il fut obligé d'aller en Italie chercher un navire. Il éprouva diverses contrariétés, et au mois d'avril 1796 il étoit encore en Italie. Il partit enfin; il alla faire des observations dans l'Archipel, et il n'arriva à Constantinople que le 22 novembre 1796. Il ne put partir qu'à la fin de mars 1797 de Constantinople pour aller à Trébisonde, voyage important pour la géographie. Il rectifia les cartes de la mer Noire, sur laquelle il y avoit des erreurs énormes. Le 9 septembre 1797 il revint de la mer Noire : il se préparoit à aller à Mascate; mais la guerre avec les Anglais rendoit le voyage dangereux et inutile. Je rendis compte de ses observations dans la *Connoissance des temps de l'an 8* (1800), p. 407, et il en a donné lui-même une notice plus étendue dans le second volume de la *Décade égyptienne*, n°s 1 et 2, jusqu'à *Sinope*. Au mois de mars 1798 (ventôse an VI), on l'envoya en Égypte en attendant qu'il pût aller à Mascate. »

Le récit de Beauchamp a pour titre : *Relation historique et géographique d'un voyage de Constantinople à Trébizonde, par mer, l'an 5 de la République*; par le citoyen BEAUCHAMPS (*La Décade égyptienne*, journal littéraire et d'économie politique; second volume ; — au Kaire, de l'Imprimerie nationale; — an VIII de la République française, in-8°; pp. 9-24, 33-51, 65-84.

Je citerai cette relation : *Décade*.

C'est par erreur que la *Biographie Michaud* et la *Biographie Didot* placent cette relation dans la *Décade philosophique*.

« Nous sommes venus mouiller vers le midi à Amassero (*Amestro*), dans le petit port au sud du château, qui n'est qu'une petite colline peninsule, environnée de mauvais murs : il y a un autre port avec un îlot au nord de ce château, où se tiennent les saïques. Celui où nous sommes est bien fermé : on voit les ruines d'un quai qui l'entourait.

« Nous sommes allés nous promener dans un endroit au sud de la ville, où l'on voit de beaux restes d'antiquités. Nous ne parlerons pas des colonnes de marbre et de granit jonchées par-tout : huit jours n'auraient peut-être pas suffi pour faire des recherches qui seraient d'autant plus faciles aux savans, que nous avons trouvé le peuple de cet endroit doux et hospitalier.

« La première masse que nous avons trouvée près de la ville est encore bien conservée; n'en connaissant pas l'histoire, nous ne pouvons savoir à quoi elle se rapporte. Nous avons relevé deux inscriptions grecques sur une des faces de ce bâtiment : des couronnes civiques en relief les accompagnent.

Nous ne reproduirons que les passages principaux du Journal, en commençant par la ville d'Amassera.

Amastris n'est plus aujourd'hui qu'une simple bourgade du vilayet de Castamouni, située sur la côte entre Héraclée et Inéboli, et nommée Amastra[1].

. . . .

Voici la description que nous en donne Jouannin :

AMASSERA.

La ville, ou plutot les anciennes fortifications d'Amastris sont dans une presqu'île dont le grand diamètre (d'un mille à peu près de longueur) est incliné dans la direction de l'E. 1/4 N. E. à l'O. 1/4 S. O. Elle est jointe au continent par une langue de terre très basse, dont la plus petite largeur est de 200 mètres, et des deux côtés

« Nous avons vu un beau piédestal en marbre, couché obliquement sur un de ses angles; il a cinq pieds de hauteur sur la moitié de large. Il y a sur l'un des côtés une inscription latine en très grosses lettres dont quelques unes sont effacées : je ne la rapporterai pas ici entièrement telle que je l'ai relevée; la fin très lisible est *rex vibius coccianus patrono bene merenti.*

« La nature de ce Mémoire ne comprenant point le croquis que j'ai fait de cette antiquité, je vais la décrire. Je n'ai pu voir que trois faces de ce bloc : sur l'une est l'inscription dont je viens de parler; sur la seconde est le relief d'un homme nu sur un cheval sans selle, dont le mouvement est le galop; les deux pieds de devant posent sur un enfant couché, et ceux de derrière sur la tête d'une femme assise. La troisième face représente deux tours sur l'une desquelles est une couronne de laurier, et sur l'autre une bannière : on lit au-dessous *coronae vallares*, et plus bas une inscription grecque que je n'ai pas eu le temps de relever.

« Près de ce monument se trouve un fragment de corniche sur lequel nous avons relevé une inscription : il eût fallu passer quelques jours pour transcrire toutes celles qui s'y trouvent.

« Nous avons vu sur le revers de la montagne un grand édifice en pierre de taille à biseau, de cinquante pieds de haut sur une plus grande longueur. Sur la gauche est un beau portique qui conduit à une porte latérale : le mur est percé de fenêtres. Un grand revêtement sur la même ligne conduit, à la gauche, à un bâtiment parfaitement semblable. Il y a, plus loin et plus haut que ces masses, un beau mausolée antique sur lequel est une inscription grecque ou latine, difficile à lire.

« La campagne est d'une grande richesse; c'est une continuité de jardins parmi lesquels on voit encore des colonnes debout.

« Nous avons vu les murs d'un bâtiment en brique de trois cens pieds de long sur cent cinquante de large, avec beaucoup de distributions intérieures, que l'on pourrait soupçonner avoir été construit par les Genois. » *Décade*, pp. 70-72.

[1] Cf. Vital CUINET, t. I, p. 100. Amasra, dans le caza de Bartin, vilayet de Castamouni, est l'ancienne Amastris, bâtie sur l'emplacement de l'antique Sésame par la reine Amastris, femme de Denys, tyran d'Héraclée. *Ibid.*, t. IV, p. 518.

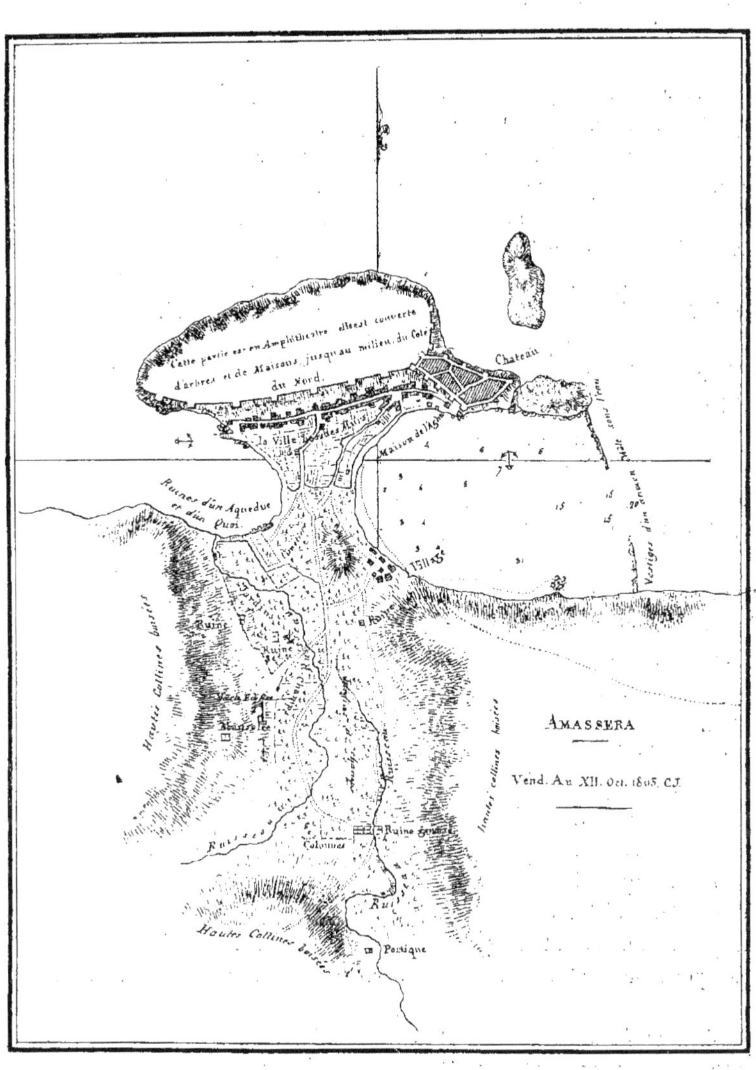
Cette partie est en Amphithéatre elle est couverte d'arbres et de Maisons jusqu'au milieu du Coté du Nord.
Chateau
la Ville
Maison de l'Agha
Ruines d'un Aqueduc et d'un Quai
Vestiges d'un ancien Môle sous l'eau
Hautes Collines boisées
Ruine
Colonnes
Portique
Hautes Collines boisées
hautes collines boisées
AMASSERA
Vend. An XII. Oct. 1805. C.J.

se trouvent deux ports, l'un à l'E. et le second à l'Occident. Le plus petit (c'est celui de l'Ouest) est de forme ovale, et m'a semblé avoir 1/3 de mille de diamètre; son rivage est jonché de ruines, de colonnes de marbre blanc cannelées, et de fondemens très bien assis et conservés dans l'eau même de la mer. C'est à leur extrémité que se voyent les restes d'une voûte souterraine que Trajan avait fait bâtir, pour conduire les eaux qui croupissaient dans la plaine, vers la mer, et détruire par là une partie des maladies auxquelles auparavant les habitants d'Amastris étaient obligés de payer tribut. Au Nord de ce mouillage se découvrent en amphithéâtre, les ruines, les fortifications et les maisons nouvelles d'Amassera, avec les groupes d'arbres qui les ombragent. Le terrain de cette presqu'île est un rocher calcaire, élevé à pic vers le N., et descendant en pente assez rapide du côté du Sud.

La plaine est occupée pendant 1/2 mille par des jardins, des plantations, des maisons, quelques ruines, et le cimetière, tous remplis d'arbres fruitiers, tels que le poirier, le noyer, le pommier, le figuier, auxquels s'unissent, pour l'ordinaire, de gros ceps de vigne, dont le feuillage mêlé à celui de leur soutien forme un coup d'œil agréable, et laisse entrevoir dans la saison des vendanges de longues grappes violettes. Les mêmes arbres croissent dans la montagne, mais en plus petit nombre que dans la vallée, et sont mêlés d'arbousiers, de lauriers, de chênes-verds, et autres arbrisseaux de ces climats. A l'extrémité du cimetière du côté du Sud, et au pied d'un vieux orme, est un piedestal renversé de 6 pieds de hauteur sur 3 de largeur. Une face est tournée vers la terre, la seconde est cachée par des buissons et des décombres. Une longue inscription latine est gravée sur la troisième. On peut encore lire quelques mots épars; la fin est : REX. VIBIVS. COCCIANVS. PATRONO. BENE. MERENTI [1]. Sur la 4eme se trouvent trois couronnes murales, une bannière accompagnée de quelques caractères grecs effacés et illisibles. Dans la vallée, qui s'étend au sud pendant un mille à peu près et qui se partage ensuite en deux branches, l'on trouve à chaque pas des débris, des colonnes, et parfois des traces de fondemens. Au fond paraît une vaste enceinte de murs en briques, de 158 pas de long sur 57 de large, dont les quatre faces correspondent aux points cardinaux. Les habitants disent que c'est un ouvrage génois, mais la distribution intérieure fait penser que ce fut un gymnase. Plus loin, et à 100 Toises au Sud, est un beau portique dont le cintre et le couronnement sont en marbre blanc. Cette

[1] Cf. *Corp. inscrip. latin.*, vol. III, p. 84, n° 454 [Marque SEX·VIBIVS...]. — Mon excellent confrère M. René Cagnat a l'obligeance de me communiquer la note suivante :

Le monument, connu par Cyriaque d'Ancône, a été retrouvé assez récemment par des explorateurs et transporté au Musée de Constantinople. Il est reproduit en fac-similé dans le troisième volume du *Corpus inscriptionum latinarum*, pp. 2230 et 2231.

antiquité est bien conservée; elle a 18 pieds de hauteur, 18 de largeur et 3 d'épaisseur; elle m'a paru être enfoncée de 10 pieds en terre. Dans le ruisseau qui coule auprès, on découvre des traces de fondemens qui ont peut-être appartenu à un autre portique. A l'Est du Gymnase deux colonnes de marbre se tiennent encore debout; elles sont semblables, et ont 23 pieds de proportion pour le fût sur 3 à la base; le chapiteau corinthien de l'une d'elles, qui est entière, se trouve à son pied, et est très mutilé, comme la colonne qui est d'un marbre de l'espèce nommée des *Puddings*.

Deux ruisseaux coulent dans la vallée et arrosent une suite de jardins et de champs, plantés d'arbres de diverses espèces et en très grand nombre.

Sur la montagne de l'O. qui va se terminer à pic au petit port, l'on admire un bâtiment très vaste, regardant l'Orient, abattu vers le Nord, et qui fut sans doute l'aile gauche (si je puis m'exprimer ainsi) d'un bel amphithéâtre dont on reconnaît sans peine les fondations et les longs revêtemens. Un lierre immense tapisse la partie ruinée et semble vouloir conserver cette masse contre les ravages du tems. Un portique bien conservé, avec une porte latérale conduisant au S., se trouve à droite et le 1er étage est percé de deux fenêtres. Il y a 37 assises de pierres de taille à biseau, ce qui peut faire estimer la hauteur totale de cette ruine à 60 et quelques pieds. Un édifice semblable, mais ruiné et abattu jusqu'au rez-de-chaussée n'est éloigné que de 150 pieds au Sud.

Plus haut paraît un mausolée de marbre, dont les proportions sont de 24 pieds de hauteur, 27 de largeur, sur 18 de longueur et 3 d'épaisseur pour les murailles. C'est une chambre voûtée, dont l'ouverture regarde l'Orient; aux deux côtés de la porte cintrée se lisent les inscriptions suivantes[1] :

......ΙΑΗΟΣ.............	....DONACIANVS.SEVER.S........
....ΕΙΡΗΣΑ................	....COHOR·XXXIII·C·R............
....ΕΓΙΟΝΟΣ...............	....LEGIONIS·II·GALLICAE.........
....ΣΟΥΕΤΡΑΝΗΣ....Σ.....	....VS·ALAE·VETERANAE·GALLIC.
....ΝΚΑΤΣ·Κ·ΔΟΥΑΣΕΝ....	....M·SIBI·FECIT.................

L'inscription grecque est très mutilée et une partie de la pierre sur laquelle elle était gravée s'est brisée en tombant. Une plate-forme de 27 pieds carrés est au

(1) *Corpus inscriptionum latinarum*, vol. III, p. I, p. 58, n° 320. — Je dois également à l'obligeance de M. Cagnat les renseignements suivants : Cette inscription a été publiée au troisième volume du *Corpus inscriptionum latinarum* sous le n° 320 (Cf. *C. I. Gr.*, 4149-4152 et addit., p. 1113) d'après des copies postérieures faites l'une en 1819 par Bshechkian (*Peripl. Pont.*

devant de ce bel édifice, qui se voit de très loin, et que l'on distingue en arrivant au mouillage.

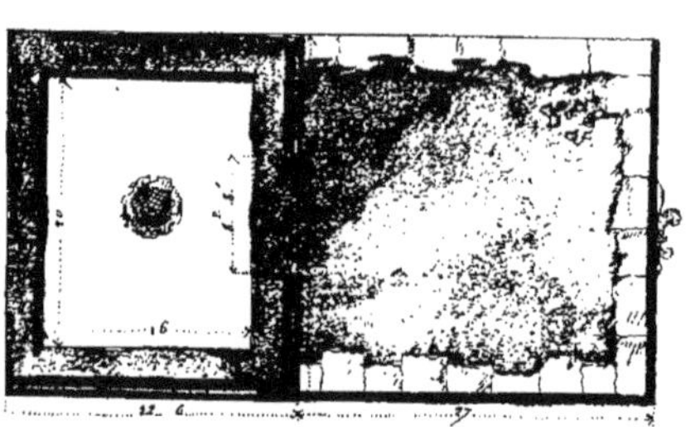

(A) Plan d'un Mausolée, et de sa plate-forme, qui se trouvent à Amassera. (B) Inscription que l'on voit sur ce monument.

Je n'ai pu examiner avec assez de soin une ruine en pierres de taille, avec diverses distributions intérieures, de même que quatre bases de marbre blanc, couvertes d'inscriptions grecques, un peu effacées.

Eux., p. 37), et l'autre par Boré (*Voy. en Orient*, I, p. 411) en 1840; le *Corpus* cite aussi une copie de Saint-Martin.

Pour la partie grecque la copie de Jouannin n'est ni meilleure ni pire que celle de ses prédécesseurs; il est à remarquer que ceux-ci ont lu quelques lettres de plus que lui, alors que la pierre aurait été intacte lorsqu'il l'a découverte et qu'il l'aurait vue se briser sous ses yeux. Pour l'inscription latine, il est le seul à donner DONACIANVS; tous les autres n'ont lu que ONACIANVS. La pierre portait certainement quand il l'a trouvée :

Δοναχ ΙΑΝΟΣ *σεουηρος*	DONACIANVS SEVER*u*S
*χειλ. σπ*ΕΙΡΗΣ Λ*β πολ. ρωμ*	*trib.* COHOR·XXXII·C·R
χειλ. ΛΕΓΙΩΝΟΣ *γ' γαλατικης*	*trib.* LEGIONIS·II*i*·GALLICAE
*επαρχ. αλη*Σ ΟΥΕΤΡΑΝΗΣ *γαλατικη*Σ	*praefect* VS·ALAE·VETERANAE·GALLIC.
*εαυτω ζω*Ν ΚΑΤ*ε*ΣΚ*ε*ΥΑΣΕΝ	*viv.* SIBI·FECIT

Il m'a été impossible de voir le château, lequel est bâti à l'extrémité orientale de la presqu'île, que je n'ai pas eu le temps de visiter. Cette vieille forteresse est placée sur un roc assez élevé, et flanquée de tours en ruines. A l'E. se trouve une petite île jointe autrefois au château par un porche détruit; on y voit un jardin et les ruines du môle qui est à l'entrée du grand port. Au Nord de cet îlot et à 100 toises est un rocher aride[1].

La contrée est fertile; on y recueille beaucoup de fruits que l'on transporte de tous côtés, et même jusqu'à Constantinople. La nature les produit sans le secours des habitans, qui en font leur principale nourriture et vont les cueillir dans les montagnes pour les vendre. C'est là en quoi consiste le commerce d'Amassera, si vous y joignez de grossiers ouvrages tournés que l'on débite en grand nombre dans les contrées d'alentour. Parmi les villes peu distantes d'Amassera, on compte Barthine, éloignée de 3 heures au S. O., située sur la rivière du même nom, à la même distance de la mer. Je n'ai pu en connaître aucun détail[2].

Au fond du port oriental d'Amassera est bâti le hameau nommé *Kara-Kouth* (le Sable noir), composé d'une douzaine de maisons : sur les montagnes qui le bordent au Sud, on distingue quelques habitations au travers des bois qui les couvrent.

Ce port a généralement vers les rives et à quelques toises de distance, 2. 3. 4 brasses, fond sable à l'O. et au Sud; roches et herbes au Nord; 5. 6. 7. 8. 9. à 45 ou 50 toises du rivage, bon fond; 15. 18. 20. 22 dans la passe, et 31 dans un endroit peu distant de quelques brisans, voisins de la côte méridionale.

Au point de vue des inscriptions, mon confrère M. Franz Cumont attira mon attention sur le mémoire suivant sur l'ancienne capitale de la Paphlagonie, Pompeiopolis, accompagné d'une planche :

Mémoire sur Pompeiopolis ou *Tasch-Kouprou*, avec quelques remarques sur Tovata ou Voyavat, lu à la troisième classe de l'Institut, par M. P. T. F..., Consul général de France (*Annales des voyages*, XIV, 1811, p. 30-58).

(1) « Les débris du palais de [la reine Amastris] s'y voient encore aujourd'hui parmi d'autres restes nombreux d'antiquités, telles que les murailles de la citadelle construites en blocs de pierre de grand appareil, et les ruines d'un aqueduc. Sésame était, comme Héraclée, une colonie de Mégare. Amastris, en lui donnant son nom, ajouta à la population de cette ancienne ville celle des villes voisines, Cytorus, Tium et Cromna. Les Romains s'en emparèrent lors de la guerre contre Mithridate. Elle fut conquise par Bayazid Ier en 1397 et reprise en 1460 par Mohammed II sur les Génois, qui s'y étaient établis sous l'autorité nominale des empereurs de Trébizonde. Plusieurs inscriptions portant les noms de leurs podestats avec leurs armoiries et celles de la Sérénissime République de Gênes subsistent sur des tours ajoutées par eux à l'antique citadelle d'Amastris. » (Vital Cuinet, *loc. cit.*, t. IV, p. 518.)

(2) Bartin est un caza (au Nord du vilayet de Castamouni) dans lequel est situé Amasra à 10 kilomètres N. E. — Cf. Vital Cuinet, IV, pp. 516-518.

Tel est le résultat que j'ai obtenu après un séjour de 48 heures dans ce pays, dont les habitans sont généralement doux, quoique grossiers, et paraissant peu portés, quoique mahométans, à tourmenter les étrangers. Tous se rappellent avec plaisir les malheureux Français qui y séjournèrent pendant la guerre.

Jouannin continue :

Le 7 vendémiaire, tempête; à onze heures on a reconnu le cap Indjeh, que l'on a doublé avec peine, dans le dessein où l'on était de mouiller à Sinope; à 7 heures enfin nous jettons l'ancre; pluie toute la nuit, ouragan au large.

Le 8 vendémiaire, il a plu toute la matinée; l'après-midi nous avons pu descendre à terre. Depuis ce jour jusqu'au 11, les vents nous ont retenus à Sinope, et j'ai employé ce temps à faire les observations suivantes :

Sinope.

M. Beauchamp détermine la position de Sinope par le 42° 2′ 7″. de latitude septentrionale et par 32° 49′ 27″. de longitude orientale du meridien de Paris (en tems 2^{h} 11′ 17″,8); la variation de l'aiguille aimantée est de 10° 18′ 0.

Cette ancienne ville est admirablement située, au milieu du grand diamètre de la Mer Noire, à portée de la Crimée, des côtes inconnues des Abazes, des Mingréliens, des Géorgiens, et des Lazes; à mi-chemin entre Constantinople et Trébisonde.

Sa position géographique, enfin reconnue par le savant et infortuné M. Beauchamp, a été presque jusqu'à ce jour entièrement ignorée de tous les géographes; quant à la latitude, M. d'Anville place Sinope par le 41° 4′ lat. sept. Le dessin et la direction de la presqu'île sont fort bien donnés : le cap *Indjeh* seul avance trop vers le Nord, et en général les environs ne sont pas justes. M. Belin et les cartes russes mettent cette ville à 41° 8′ lat. sept. et ont déterminé les contours, la direction des terres avec la plus grande inexactitude. Dans ces cartes, la presqu'île est beaucoup trop grande, mal dirigée du N. E. au S. O., tandis qu'elle court assurément E. O. et n'a de périmètre que 15 à 16 milles turcs (3 lieues environ). Le cap Indjeh est au N. O. du château à 15 milles; Ghieuzeh au S. à 18 milles, Ak-liman[1] (le port blanc) ou Armène à 4 à 5 milles dans l'O. N. O. La longitude au reste est

[1] « À 3 kilomètres environ au Nord-Ouest de Sinope se trouve le port d'Ak-Limân, et à 10 kil. au Sud-Est, celui de Tchobânlar-Keuï, où l'on rencontre, parmi les débris de vieux murs écroulés, des monnaies et autres objets antiques. » (Vital Cuinet, *l. c.*, IV, p. 576.)

assez exacte dans toutes les cartes. Il est facile de voir combien il est important de corriger de si grandes erreurs, nuisibles aux navigateurs, qui sont pour l'ordinaire obligés de venir reconnaître ce point, dans leurs voyages vers la Krimée ou le fond de l'Asie.

La presqu'île est généralement très aride, peu cultivée, et peu plantée; seulement sur le penchant du coteau qui domine la rade au N. croissent de très beaux oliviers, mais en petite quantité. Les environs en terre ferme sont très boisés, remplis d'arbres fruitiers, comme à Amassera, et ayant quelque culture. On trouve du gibier de toute espèce et à chaque pas, surtout dans la saison des fruits.

Le château, de forme quadrangulaire, ferme la presqu'île du côté de l'O. et est réuni au continent par une langue de terre de 300 pas, que l'on assure avoir été creusée autrefois en canal, pour permettre la communication directe de la rade avec la baye, au fond de laquelle se trouvait Armène (Ak-liman). Vient ensuite la ville Turque ceinte de vieilles murailles, en assez mauvais état quoique réparées et exhaussées par les Turcs, et s'étendant du côté de l'Est pendant l'espace de 800 pas. La longueur du mur oriental est de 950 pas (près de 400 toises)[1].

Au penchant du coteau qui borde la rade au N. et au N. N. E. est bâtie ce que l'on appelle la ville grecque; elle est le lieu d'habitation des chrétiens, qui n'ont pas la liberté de coucher dans l'enceinte des fortifications, et elle occupe 1.000. pas environ de long. sur 4 à 500. de largeur. Les maisons turques et grecques sont faites de bois et de boue : il y en a très peu qui ayent le rez-de-chaussée entièrement en maçonnerie[2].

On compte 7 mosquées dans la ville et dans le château, lequel sert de demeure au Mutésellim de Sinope; la population turque s'élève à peu de chose; celle des Grecs diminue chaque jour par l'émigration continuelle des individus de cette nation qui croyent trouver la liberté sur les terres des Russes et bravent les peines portées contre eux dans l'espoir si doux de l'acquérir. Il n'y a que quelques familles arméniennes établies même depuis peu de temps, et livrées à l'exploitation du commerce indigène; 2,600 âmes est, selon toutes les probabilités, le terme le plus juste de la population totale de Sinope[3].

[1] « Environnée d'eau de toutes parts, comme une île, cette jolie ville est encore entourée et couronnée des restes de ses antiques fortifications, construites en grands et larges blocs de roche très dure. » (Vital CUINET, *l. c.*, IV, p. 578.)

[2] «Aujourd'hui, la ville de Sinope ne renferme plus que 1790 maisons, dont 957 appartiennent à des musulmans, 705 à des grecs orthodoxes, 98 à des arméniens, le reste à divers; mais leur nombre tend sans cesse à s'accroître. . . » (*Ibid.*, p. 581.)

[3] Sinope est la résidence officielle du *mutessarif* (gouverneur); il y a 37 mosquées à

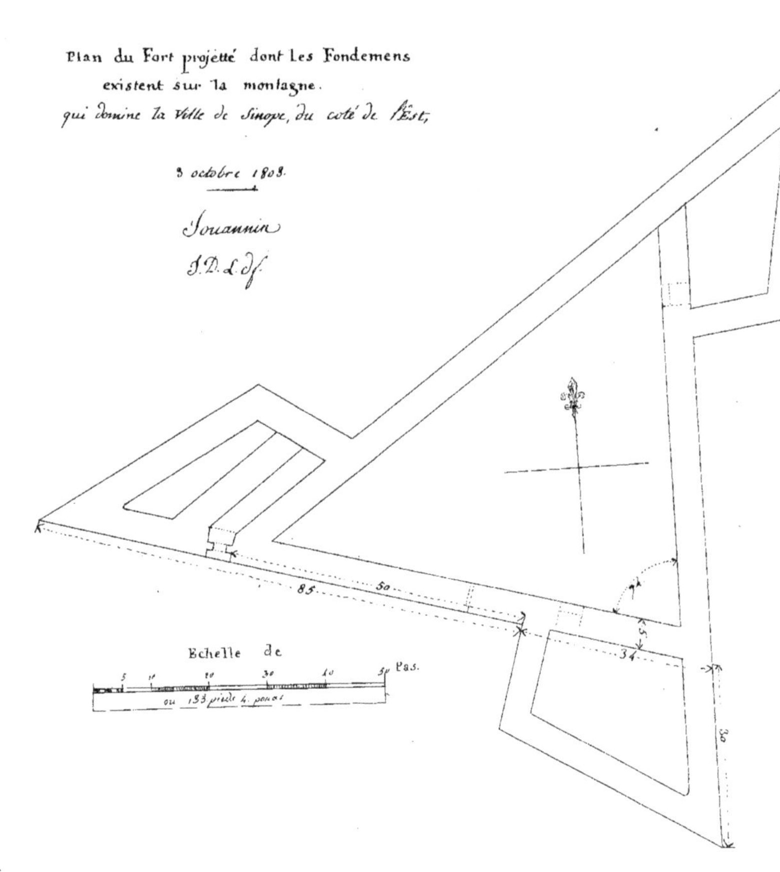
Plan du Fort projetté dont les Fondemens
existent sur la montagne.
qui domine la Ville de Sinope, du coté de l'Est,
3 octobre 1808.
Jouannin
J.D.L.d.f.
85
50
5
34
30
Echelle de
5 10 20 30 40 50 Pas.
ou 133 pieds 4 pouces

A un mille à l'Est, et au sommet d'une montagne qui domine la ville, on a, il y a quelque tems, jetté les fondemens d'un fort triangulaire, dont la position avait paru avantageuse aux Turcs, mais on a cessé d'y travailler lorsque M. de la Fitte, Ingénieur français au service de la S. P., l'eut condamné et eut blâmé sa construction. Tout auprès, en descendant la montagne à l'O., on voit une espèce de grotte, tapissée d'un lierre qui suit le ceintre naturel du rocher et au pied de laquelle est une marre d'eau peu profonde. Sur le penchant de la même montagne, on distingue des traces de canaux, dont quelques uns sont encore assez conservés pour conduire à la ville les eaux dont elle a besoin.

Sur le rivage septentrional, et au pied du cimetière, l'on marche pendant 400. pas sur des pierres composées de coquillages brisés, de sable et de cailloux liés ensemble par un ciment naturel extrêmement tenace. J'ai cru que c'étoit une ancienne carrière d'où l'on a tiré les matériaux dont on s'est servi pour la construction des murailles.

Toute cette partie du rivage est presqu'inabordable, à cause des rochers qui le ceignent. Il est une seule petite calanque, à l'extrémité des murs de la ville vers le N. E., où abordent les bâteaux venant d'Ak-liman, lorsque les vents soufflent de la partie du N. ou du N. O. La côte de la baie d'Armène est bordée d'une longue bande blanche, d'un éclat très vif; c'est ce qui aura fait donner à Ak-liman le nom qu'il porte aujourd'hui (Ak-liman, port blanc).

Ak-liman, nommé encore *Armène* par les Grecs du pays, est un petit port dont l'entrée est difficile et semée d'écueils. La passe a 20, 30 et 40 pieds d'eau et l'on mouille dans une anse en demi-cercle par 15, 20, 25 et 30 pieds d'eau. Il vient de l'Ouest une rivière bordée de marécages et environnée de bois, de même que tout le port; son embouchure a 32 toises de largeur, et le canal qui conduit au mouillage environ 50 toises. On distingue encore des ruines d'anciens ouvrages qui sont maintenant sous l'eau de la mer.

La rade de Sinope est vaste, sûre, et presque la seule de la côte d'Anatolie où l'on puisse toujours mouiller et rester avec sécurité. Elle n'est ouverte qu'aux vents de l'E. et du Sud-Est, ainsi que du S. Le fond est excellent, vase dure au milieu

minarets (*djâmi*), 3 *médressé*, 8 *turbé* ou chapelles funéraires musulmanes, 15 églises grecques orthodoxes. La population comprend :

	habitants.
Musulmans	5,041
Grecs orthodoxes	3,961
Arméniens grégoriens	654
A REPORTER	9,656
REPORT	9,656
Arméniens catholiques	64
Bulgares	6
Israélites	19
TOTAL	9,745

Cf. Vital CUINET, IV, pp. 581-2.

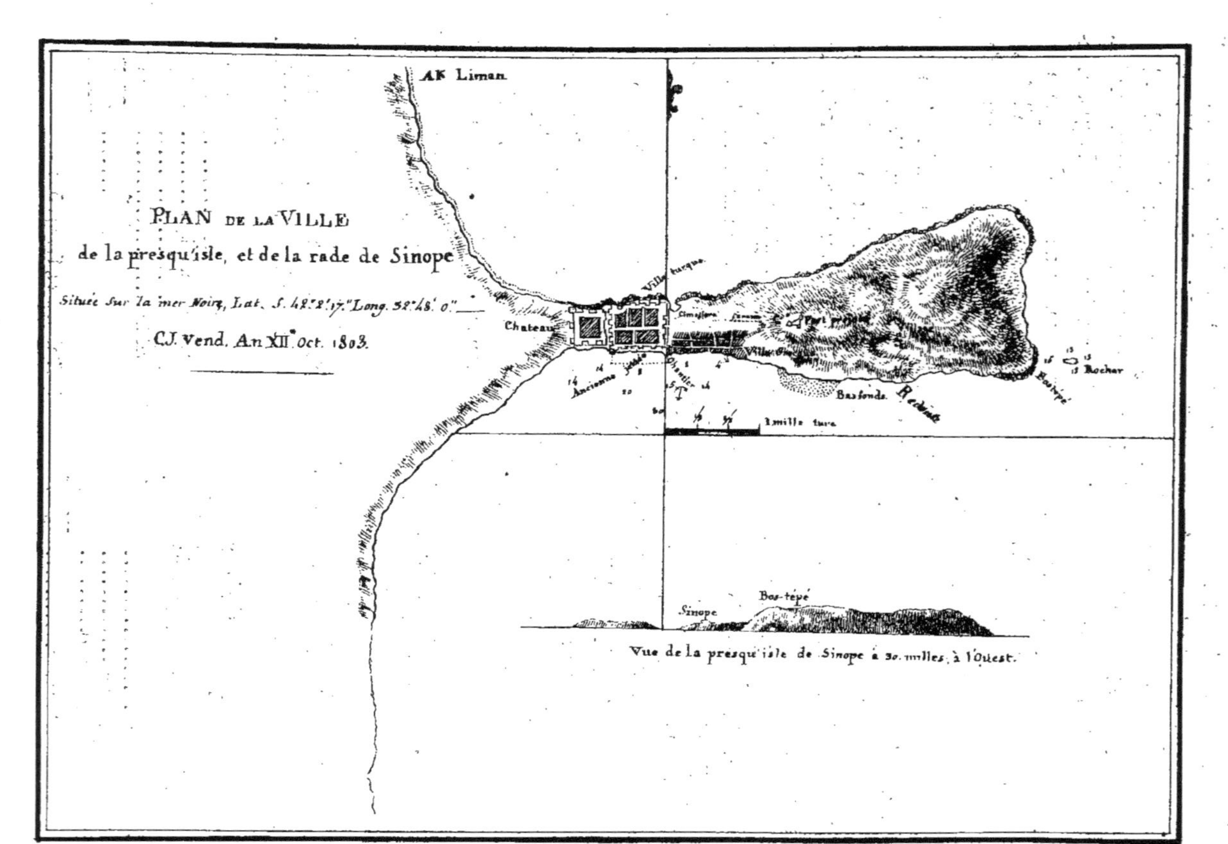
PLAN DE LA VILLE
de la presqu'isle, et de la rade de Sinope
Située sur la mer Noire, Lat. S. 42° 2' 17." Long. 32° 48' 0."
C.J. Vend. An XII.e Oct. 1803.
AK Liman
Chateau
Ville turque
Basfonde
Recheinte
Boztepé
Rocher
1 mille ture
Vue de la presqu'isle de Sinope à 30 milles, à l'Ouest.
Sinope
Bos-tepé

par 15, 20 et 30 brasses; sable vaseux le long du rivage à 100, 150 toises de distance, par 48, 10 et 14 brasses. L'on y mouille dans toutes les saisons[1].

L'ancient port est de la longueur de la ville Turque, et peut avoir 20 à 25 toises dans sa plus grande largeur. Les ruines du môle qui l'entouraient sont presqu'entièrement couvertes par la mer, et il est presque comblé par la vase et le sable qui s'y sont accumulés, faute de soins. On trouve à son ouverture 12 pieds d'eau, et dans l'intérieur généralement 8, 6, 4 pieds d'eau.

Au S. E. de la ville grecque, il y a des bas fonds signalés par de hautes perches. On voit aussi, devant la maison où demeure M. le Commissaire général de France, les ruines d'un môle, dont il ne reste plus que 12 à 15 toises de longueur.

Belin[2] marque une petite île de 4 milles de tour, au N. de Bostépé (le cap S.-E. de la presqu'île). Elle n'existe pas. C'est un écueil de 20 toises de diamètre placé à l'E. 1/4 N. E. de Bostépé, à 500 pieds. A dix toises de ce rocher, la sonde donne 13 brasses, et jusqu'à 15 au milieu de la passe. Il y a aussi un danger peu distant du rivage septentrional de la presqu'île, dont la côte est généralement élevée, partout creusée de ravins, et presque perpendiculaire dans la partie qui regarde le N. E. La langue de terre où est bâtie la ville est basse et fortement dominée par la montagne de l'Est.

Au milieu du rivage méridional et au fond d'un vallon, qui se partage en deux branches à peu de distance de la mer, se trouve un hameau nommé Ada Kioï (le village de l'île), placé dans un lieu très agréable, et couvert d'arbres et de culture. On a bâti, dans la dernière guerre contre les Russes, une redoute au S. E. de ce village; elle est, dit-on, abandonnée maintenant.

Dans un ouvrage imprimé il y a peu de tems, on a fait des descriptions magnifiques de Sinope; ce serait tout au plus ce que l'on dirait d'une ville immense dans son état de splendeur; mais Sinope, aujourd'hui entre les mains des Turcs, déserte, sans monumens, sans établissemens publics, sans forces, et presque sans commerce, malgré la richesse des contrées qui l'environnent, Sinope, dis-je, est à peine l'ombre de ce qu'elle fut autrefois[3].

[1] «Le port de Sinope est formé du vaste espace limité à l'ouest par le cap Indjé-bouroun et à l'est par la presqu'île de Boz-tépé-bouroun, sur l'isthme de laquelle s'élève la ville, ainsi abritée naturellement contre les vents d'est et de sud-est et contre ceux de nord-ouest si redoutables dans ces parages. C'est un excellent mouillage et le seul bon port de toute la côte.» (Vital Cuinet, IV, p. 575.)

[2] Jacques-Nicolas Bellin, ingénieur-géographe de la Marine, né à Paris en 1703, mort à Versailles le 21 mars 1772.

[3] D'après Vital Cuinet, IV, p. 584, en 1893, voici quel était le mouvement commercial de la ville de Sinope : 2,145,900 francs d'exportations (blé 529,000 francs, orge 138,000 francs, maïs 138,000 francs, avoine 92,000 francs, graine de lin 46,000 francs,

Ses douze chantiers de guerre se réduisent à un seul qui se trouve au bas du fossé oriental des fortifications. On n'a bâti qu'un hangard peu considérable, et les bois dont on fait usage sont exposés aux injures de l'air. On travaillait lors de mon séjour à un vaisseau de 80 canons, construit par Mousteafa-effendi, élève de M. Brun, jeune musulman qui parait avoir un véritable mérite. On force les Grecs à employer leurs journées pour 18 paras qu'on ne leur avait pas payé depuis plus de six mois. Le chantier des saïques et autres batimens de commerce est près du chateau, entre les murailles de la ville et de la mer.

Quelques personnes intéressées sans doute à éloigner les Français de cette nouvelle échelle nous ont assurés qu'il n'y avait point de commerce. Il est sûr au reste qu'il est assez considérable en exportation de denrées indigènes, c'est-à-dire des bois de construction, des fruits, et des noisettes, qui font les articles qui occupent les bâtimens du pays, lesquels les portent à Constantinople et en Crimée. J'ignore en quoi consiste l'importation.

La vie n'est point chère : c'est une cause du bon marché de la main d'œuvre. L'on m'a assuré cependant qu'avant le dernier siège (si l'on peut appeler ainsi l'entreprise de 200 brigands qui se sont rendus maîtres de Sinope pour le compte de Tayar Mehemet Pacha) tout était encore à un prix plus bas, et c'est, dit-on, de ce moment que l'on doit compter la stagnation du commerce et l'abandon presque total de la culture des terres.

On compte deux pêcheries sur le rivage méridional de la presqu'île. Elles fournissent à la nourriture des Grecs les poissons dont presque toute l'année ils font une consommation journalière et assez consequente. Cette nation malheureuse est tourmentée par ses prêtres, par le Consul russe qui est presque souverain dans cette contrée, et qui exerce sur les musulmans même une tyrannie dont on ne peut guères avoir d'idée. Quant aux Turcs, ils nous ont paru bons, assez doux; les Grecs sont, comme ailleurs, vils, rampans et craintifs.

Nous passons sur la navigation des jours suivants pour arriver à TRÉBIZONDE :

Le 18 vendémiaire... à 8^h 1/2, nous sommes à 12 milles de Platana, et Trébisonde alors était dans le S. E.

haricots 36,800 francs, riz 50,600 francs, noix, châtaignes 92,000 francs, huile de poisson 11,500 francs, poissons salés 46,000 francs, laine 23,000 francs, tabac 138,000 francs, bois de construction 575,000 francs, bois de chauffage 92,000 francs, divers 138,000 francs;

Malgré les calmes, nous mouillons à 3 heures par 15 brasses, fond d'herbages et de sable, et nous partons sur le champ pour Trébisonde, où nous n'arrivons qu'à 7 heures du soir, forcés, vû l'inhospitalité et la barbarie des Musulmans, d'aller demander asile à l'archevêque grec. Ce Prélat nous accueillit très bien. Sa figure noble et douce nous prévint en sa faveur, et il poussa la complaisance jusqu'à répondre aux questions qui lui furent faites par l'interprète français du commissariat de Trébisonde ; je me hâte d'en donner le résultat dès ce moment.

Les habitans de ce pays sont véritablement féroces, et ne marchent jamais que chargés d'armes. La crainte qu'ils ont de Tayar Mehemet Pacha, leur prince actuel, paraît avoir donné un frein à leurs vexations et à leurs cruautés. Le caractère du Pacha, porté comme il est à une sévérité extrême, suffit néanmoins à peine à réprimer leurs inclinations sanguinaires, et si le Mutésellim[1] s'éloignait pour quelques jours, il pourrait bien, à son retour, trouver tout révolté, à feu et à sang. C'est là même ce qui fait que les maisons des particuliers sont entourées de hautes murailles servant de rempart, percées d'une seule petite porte qui conduit à une cour, au centre de laquelle s'élève la demeure du propriétaire, qui n'a jamais qu'un rez de chaussée très bas et un premier étage.

L'on compte à Trébisonde 300 maisons grecques et à peu près autant de familles arméniennes, dont la plus petite partie est catholique, et dirigée par un Evêque. On n'a pu me donner aucun renseignement exact sur la population turque, laquelle forme pourtant la majorité[2].

Le commerce ne paraît pas être aussi considérable que nous le croyons en Europe. Le débit des marchandises franques y est peu de chose, et demande beaucoup de temps; d'après le même Archevêque, l'exportation, faite par des bateaux et des batiments caboteurs, ne consiste qu'en fruits secs de diverses qualités, cire, miel, bois de buis, cuivre et alun : rarement les caravanes d'Erzeroum se dirigent-elles sur

— 1,250,050 francs d'importations (sucre 460,000 francs, café 92,000 francs, fer 34,500 francs, verrerie 11,500 francs, papeterie 18,400 francs, allumettes 5,750 francs, pâtes alimentaires 13,800 francs, alcool 9,200 francs, cognac, etc. 10,350 francs, caviar 3,450 francs, manufactures d'Angleterre 368,000 francs, cuirs de France 66,700 francs, pétrole 27,600 francs, de Turquie, savon 92,000 francs, huile et olives 20,700, fruits secs 16,100 francs).

[1] Agent financier envoyé sur les lieux par un gouverneur nommé à un pachalik avant la prise de possession.

[2] Beauchamp, qui a obtenu la position géographique de Trébizonde, dit : « Je ne puis rien dire sur la population de Trébizonde; je n'osais pas faire des questions de ce genre : je ne crois pas qu'elle s'élève à plus de quinze mille âmes, Turks, Lazes et Chrétiens. » (*Décade*, p. 34.) Voici la population de cette ville d'après Vital Cuinet : Musulmans 19,500 habitants, Grecs orthodoxes 8,200, Arméniens 6,000, divers (étrangers) 1,300; total : 35,000 habitants.

Trébisonde; les environs donnent beaucoup de tabac, de noix de galle, et de graines d'Avignon, d'un grand usage pour la teinture [1].

Le port de Trébisonde (si l'on peut donner ce nom à une plage couverte de roches) n'est pas tenable; on tire les bateaux à terre, ou bien ils s'éloignent du rivage sitôt qu'ils ont débarqué les diverses marchandises dont ils étaient chargés [2].

Le *Jeune Tropez* resta mouillé dans la rade de Platana [3] jusqu'au 17 brumaire, jour où nous mîmes à la voile pour faire notre retour à Constantinople. Quelques jours après que l'on eût jetté l'ancre, l'on fit chercher un petit logement dans le village, et le 22 vend[re] nous prîmes possession de deux chambres étroites, où le jour entrait à peine.

Nous demeurâmes jusqu'au 7 brumaire dans ce triste réduit, souvent rendu plus ennuyeux encore par la visite des habitans du pays, qui venoient sans autre but pour eux et pour nous, que de faire des grossièretés gratuites à des étrangers. On n'en sera pas surpris en lisant le portrait qui m'a été tracé par un Musulman de Platana, Capitaine d'un bâtiment qui fait 2 et 3 fois par an le voyage de Constantinople : « Les gens de cette contrée, me dit-il, ne vivent que dans le sang. Ils sont extrêmement cruels, » et il ajouta : « Vous les verrez prendre pitié d'une poule que l'on tue, et ils ne feront pas difficulté d'égorger les hommes, même de sang froid. »

La partie du village de Platana qui est bâtie sur le rivage a 140 toises de longueur E. O.; ses deux rues sont bordées d'un trottoir bien fait, large de 2 pieds 1/2. Les maisons ressemblent, dans leur partie supérieure, à toutes celles de Turquie; le rez-de-chaussée seulement est en pierre, et présente une maçonnerie faite avec soin et solidité. Plusieurs fontaines donnent d'assez bonne eau.

La colline qui domine Platana est cultivée, et bien plantée. C'est à son revers S. E. que se trouve la seconde portion du village. Le coup d'œil est enchanteur et la nature y est d'une fécondité et d'une richesse dont on a peine à se faire une juste idée.

La rade de Platana sert de port à Trébisonde : elle est vaste, ouverte depuis l'O. 1/4. N. O. jusqu'à l'E. Les vents du N. et du N. O. y sont très violens, mais

[1] Suivant Vital Cuinet, I, p. 39, en 1888, les exportations du port de Trébizonde s'élevaient à 12,622,439 francs, et les importations à 27,422,605 francs.

[2] Vital Cuinet écrit, I, p. 37 : « Trébizonde n'a point de port; on y a construit, il est vrai, une jetée commencée il y a près de dix ans et terminée en 1885; mais cette jetée, à peine longue de trente mètres, n'offre aucune sûreté aux bâtiments en cas de bourrasque. »

[3] « Platana, à l'Ouest de Trébizonde; protégée par les caps Yéros et Zéïtoun; elle offre un refuge en temps de bourrasque aux navires touchant à Trébizonde. » (Vital Cuinet, I, p. 37.)

le fond est bon. Les bateaux et les petites saïques restent à deux encablures du rivage et mouillent par 8 et 10 brasses d'eau, sur un fond de sable vaseux, mêlé d'herbes. Les grosses saïques s'arrêtent à 1/2 encablure plus loin sur un fond à peu près semblable, Ce n'est qu'à 3 encablures 1/2 de distance des rives que les grands bâtimens jettent l'ancre par 15, 20, 25 brasses, et sur le même fond. Les ouragans occasionnés par les vents du N. et de l'O., qui sont très fréquents dans l'arrière-saison, ne permettraient pas aux navires de passer l'hiver en rade, sans courir de grands risques, ou du moins sans leur causer de forts dommages. Aussi les habitants ont-ils creusé à l'E. de Platana un lieu destiné à recevoir leurs bâtimens, à l'époque où la navigation est interrompue par la continuité des orages; on les décharge entièrement même de leur lest, et on les tire à terre à force de bras et de palans, sans beaucoup de peine, vû la légèreté de leur construction; l'hivernage ne se fait point autrement sur toute la côte d'Anatolie[1].

J'eus le loisir de visiter les rivages pendant les 15 jours que je restai à Platana; j'aurais sans doute la satisfaction d'en donner des détails plus sûrs et plus agréables, si le caractère défiant de ce peuple et le mauvais tems ne se fussent opposés à l'exécution de mes desseins. Comme il eut été imprudent et même dangereux de s'enfoncer dans l'intérieur, je dûs me borner à reconnaître le bord de la mer, et je me dirigeai d'abord du côté de l'O.

Ma première promenade se termina au bout de 3,500 pas (2 milles 1/2), et me permit de reconnaître les 3 pointes occidentales de la baye. Cette plage est semée d'ecueils à la distance de 5 à 6 toises; elle est bordée d'une longue ceinture de divers arbres, derrière laquelle sont des champs et des plantations d'arbres fruitiers, d'oliviers surtout, remarquables par leur force et leur beauté. Cette longue haie naturelle est composée de myrtes, de grenadiers, d'arbousiers; l'églantier, la vigne sauvage, la filaria, le sureau et le laurier s'y joignent encore, et se trouvent unis entr'eux par

[1] « Platana est une rade ouverte, d'une assez bonne tenue, fond de sable, à trois lieues de Trebizonde. L'aspect de toute la côte est charmant; elle est assez bien cultivée et entrecoupée de forêts. Les montagnes du voisinage se dessinent en pain de sucre, ce qui procure des vallons délicieux. Plusieurs maisons de campagne sur le revers de ces collines font un effet très agréable. On y moissonnait à cette époque. Je remarquerai en passant que le climat de la partie méridionale de la Mer Noire n'est pas chaud : un excellent thermomètre que j'avais, n'a jamais passé 22° à terre; j'ai apperçu dans le plus fort de l'été de la neige sur les montagnes. » *Décade*, p. 35.

Cf. Vital Cuinet, I, p. 46 : « La petite ville de Platana, reliée par une route carrossable, est la résidence du *caïmakam*. .. La rade de Platana fournit un ancrage sûr et commode aux navires à vapeur et à voiles qui, pendant l'hiver surtout, manquent dans le port de Trébizonde, exposé aux rafales du Nord-Ouest. A l'Ouest de Platana, sur le cap Yéros, on vient d'installer un phare à feu fixe. » — Platana ou Polahdhaneh est l'ancienne Hermonassa.

une liane nommée *Spina Christi*, qui croît de tout côté et en abondance. La vue de cette côte est charmante; elle devient encore plus riche et plus belle à mesure qu'on s'éloigne de Platana [1].

Les jours suivans je fus reconnaître Eski-Kalea (le vieux château), à 6 milles de la rade. Je continuai d'admirer l'agréable variété des paysages, bornés par de hautes montagnes couvertes de bois, au revers desquelles sont placés des petits hameaux. La terre, voisine des rives, est peu élevée, et offre une chaîne de côteaux cultivés, coupés de haies, et arrosés par des ruisseaux descendant du sommet des montagnes. Leur cours est facile à distinguer par les arbres qui en suivent toutes les sinuosités. Ils se rendent à la mer en coulant au fond de vallons peu considérables, qui sont fertilisés par leurs eaux.

Parmi les fontaines, qui sont en assez grand nombre sur le rivage, j'en remarquai une ombragée d'un jeune saule pleureur. Elle était avantageusement située, et son fondateur avait eu la pieuse intention de faire saillir une pierre creusée en coupe, afin que le voyageur et le passant pussent s'y désaltérer sans peines; la fraîcheur de ces sources entretient beaucoup d'arbres, qui se plaisent à croître tout à l'entour. Au sommet de quelques pointes qui s'avancent un peu dans la mer, s'élèvent des pierres blanches à l'ombre des cyprès; connaissant l'antique coutume des contrées d'Orient, j'ai bientôt jugé que c'était des tombeaux.

Le *vieux château* (Eski Kalea) est bâti sur un rocher, — presque nud, et dans une péninsule; ses murailles sont hautes, et ne m'ont pas paru extrêmement dégradées. A 25 toises du rocher, 12 brasses, fond de rocher. Au fond de la petite baye de l'E., il y a 4 ou 5 maisons près desquelles on avait tiré à terre quelques saïques. Ce petit mouillage n'est pas mauvais en été, m'a-t-on assuré; fond, vase et herbes par 8, 10 et 15.

Rien n'est plus commun, sur toute la rive, qu'un arbrisseau de 6 à 8 pieds, croissant jusque dans le sable. Le bois est lisse, assez semblable à celui de l'ozier; la feuille est composée de 5, 6 ou 7 folioles disposées presque comme une patte de grenouille. La fleur est blanche, ou d'un rose tendre; son calice est pareil à celui du lilas; sa corole est tubulée et découpée en cinq petites pétales dont l'une est double en grandeur. Les fleurs sont disposées, comme celles du lilas, en grappe perpendiculaire, offrant un très joli bouquet; l'odeur de cet arbrisseau est la même que celle de l'*absynthe* Pontique, quoique un peu moins forte.

[1] «Je suis parti de Platana le 24 messidor, rangeant la côte qui est toujours couverte de bois. Les montagnes en sont roides. Les forêts semblent tomber dans la mer, ou plutôt sortir de cet élément. Nous suivons cette côte à la rame, et à deux heures du soir nous passons devant Esky-Qaléh (vieux château).» *Décade*, p. 35.

Je portai ensuite mes pas du côté de l'Orient; à 1.200 pas de distance de Platana coule une petite rivière traversée par un pont de pierre d'une seule arche de 6 à 7 toises d'ouverture. Elle traverse un vallon formé par deux hautes collines à pic du côté de l'E. L'aspect de ce lieu est enchanteur, et présente dans toute sa richesse une nature presqu'entièrement sauvage. De grands arbres plantés au bord du torrent et auxquels s'attachent les vignes préservent en même temps les cultures de la violence des eaux d'hyver. Les oliviers et les mêmes arbres que dans l'O. couvrent la pente des côteaux, et laissent paraître quelquefois des maisons situées dans des positions charmantes. Après 3/4 de mille de marche je trouvai deux moulins, et un long conduit qui servait, il y a peu d'années sans doute, à porter l'eau aux champs qui bordent la rivière à l'O. Il ne me fut pas permis de reconnaître plus avant ce beau vallon.

A 300 pas du pont on a établi trois fours à chaux, qui sont en grande activité. Cette matière est fort nécessaire dans ce pays où l'on bâtit presque tout en pierre.

Les plantes que l'on cultive aux environs de Platana sont le tabac, le bled d'Égypte, le froment et l'orge : on sème beaucoup de haricots, de concombres, de choux et autres sortes de légumes [1].

Il ne me fut pas possible de visiter l'Église de Platana, construite, m'a-t-on dit, du temps des empereurs grecs de Trébisonde [2].

Le même capitaine musulman, qui déjà m'avait peint les habitans de cette contrée, m'a donné les détails suivans sur les esclaves de Géorgie :

« Des Lazes [3] réunis et bien armés se rendent par troupes peu nombreuses sur le territoire de Géorgie, et tombent à l'improviste sur des villages chrétiens qu'ils sac-

(1) « Les principales productions de ce district sont le tabac et les haricots. Viennent ensuite le maïs, les noisettes. Les légumes et les fruits de Platana sont très estimés; non seulement ils approvisionnent la ville de Trébizonde, mais on en exporte en grande quantité à Batoum, à Poti et jusqu'en Crimée. » Vital Cuinet, I, p. 46.

(2) Église Saint Michel, curieux édifice de style byzantin primitif. Vivien de Saint-Martin.

(3) « Les Lazes ont l'air farouche au premier aspect; ils sont tous armés d'un fusil et de pistolets dans la ville même. Leur habit consiste en un caleçon et une veste de drap capucin. » *Décade*, p. 34.

« Si l'on en croyait l'opinion locale [Trébizonde], ils seraient le produit du mélange des sangs turc et géorgien, ce qui ne s'accorde guère avec ce fait que beaucoup de Lazes, notamment ceux qui sont allés se fixer dans le vilayet d'Angora, sont de religion et de langue grecques; ni avec cet autre fait, que plusieurs vénèrent les usages chrétiens, font des vœux aux églises et honorent les reliques des saints. » Vital Cuinet, I, p. 11.

« Les Lazes, ainsi que les habitants des montagnes en général, sont robustes et sobres; ceux qui naissent et habitent près du littoral sont d'excellents marins. La marine impériale recrute une grande partie de son effectif dans le pays des Lazes. ». *Ibid.*, p. 120.

cagent et dont ils enlèvent tout ce qu'ils peuvent atteindre. Leurs infortunés esclaves sont vendus ensuite à Trébisonde, et sur la côte d'Anatolie, tantôt à bas prix, tantôt pour des sommes excessives, telle, par exemple, une jeune fille de 14 ans qui a été vendue 7,000 piastres (14 bourses); il est défendu aux Chrétiens d'en acheter. »

« La côte des Abazes[1], m'a dit encore le même capitaine, n'est qu'à 300 milles de Trébisonde. C'est un beau pays, mais ses habitans sont d'une barbarie et d'une cruauté bien supérieure à celles des Lazes. Les bâtiments turcs redouteraient d'y aborder, sans y montrer un appareil d'hostilité absolument nécessaire pour exciter la crainte, et les échanges ne se font qu'à main armée. Les cuirs font presque le seul objet de commerce de cette contrée; l'or et l'argent y sont peu connus, et des draps grossiers, des armes, des instruments de fer, des miroirs que l'on estime beaucoup, quelques verroteries sont les seuls objets propres à y porter. On n'a point encore vu de navire franc dans ces parages et selon toute apparence les navigateurs européens y seraient mal reçus. Néanmoins dans le courant de cette année (an XII) un bâtiment français a été charger des buis sur cette côte. Le capitaine m'a vanté la quantité prodigieuse de fruits, de légumes, que l'on y recueille, et la bonté des eaux qui coulent en abondance des montagnes, forment des rivières très poissonneuses et se jettent ensuite à la mer, dans le fond de petites anses, comme en Anatolie. Ce capitaine français a parcouru soixante lieues de côtes qu'il n'a pu relever, parce que ses instrumens étaient en mauvais état. Chaque baye a des courans particuliers, dangereux et très variables. La côte entière n'offre que des rades, et pas un seul port tenable; tous les mouillages ont de grandes profondeurs, ordinairement 25 ou 30 brasses et souvent davantage. »

Jouannin marque ensuite l'état du ciel pendant son séjour à Platana et à Trébizonde, qu'il décrit à nouveau, donne le détail de sa navigation, et arrive enfin à Sévastopol :

Je demeurai jusqu'au 29 frimaire à bord, je fus enfin libre de mettre pied à terre. Je me rendis sur le champ chez le Commissaire français résidant à Sévastopol. Mais une réunion singulière d'entraves me mit dans l'impossibilité de travailler au but qui m'avait été indiqué. La défiance des nouveaux possesseurs de

[1] Voir : *Les Abazes de la côte circassienne;* Aperçu ethnographique et historique, par M. Vivien de Saint-Martin. (*Nouvelles Annales des Voyages*, N. S., XXXVIII, année 1854, t. II, pp. 5-30.)

la Crimée[1] me tourmenta au point que pour ma sureté je me vis forcé de ne plus lire avec trop de suite des livres quelconques, bien plus encore d'écrire, de dessiner.

D'après cela il n'est guère étonnant que je sois revenu de ce pays, après 3 mois de séjour, sans avoir des connaissances précises. Néanmoins je vais donner quelques notions succinctes dont je puis certifier la vérité.

Sévastopol est une ville nouvelle, commencée depuis 20 ans et presque uniquement habitée par des militaires, des matelots, et des Grecs émigrés de Turquie, population qui peut monter à 12,000 ames tout au plus.

Elle est bâtie sur un côteau nud et stérile à l'E. duquel est le port de guerre, baye magnifique allant du N. au S., et se recourbant ensuite un peu vers le S. E.; une batterie regne au N. tout le long du rivage, jusqu'à un autre petit port destiné aux bâtimens marchands, lesquels y trouvent partout un excellent mouillage. La rade a, dit-on, 30 verstes de contour; elle court O. E., et offre des deux côtés des anses propres aux navires de commerce, parmi lesquelles on distingue la baye du carénage, bassin admirable, creusé par les mains de la nature, et dont l'entrée suffit seulement pour laisser passer un vaisseau. La sonde donne de grandes profondeurs, au pied même du rivage, comme dans le port militaire où les vaisseaux et les frégates touchent presque la terre.

Deux écueils, signalés par deux pavillons, l'un blanc et le second rouge, sont à l'entrée de la rade; il est bon de passer entre les deux, afin d'éviter tout danger.

On construit divers ouvrages de défense à l'entrée de la rade. Les munitions sont réparties et gardées dans des caves souterraines très nombreuses dans toute cette partie de Crimée.

Les maisons n'ont généralement qu'un rez de chaussée. Elles sont peu grandes, et très proprement tenues chez les particuliers un peu aisés. La vie est chère, la main-d'œuvre exorbitante, l'eau manque dans l'hiver même; celle qu'on trouve dans la ville est saumâtre et désagréable. Le bois est d'un prix dont il est difficile de se faire une idée. Les approvisionnemens sont soumis à mille obstacles, parmi lesquels on doit compter la rapacité des douaniers et des autres fonctionnaires publics.

Au fond des vallons croissent quelques arbres; du reste toute la côte d'alentour est sèche, aride et rarement plantée de buissons petits et sans force.

[1] La Crimée fut annexée par la Russie en 1783, et son port militaire fut créé, qui reçut en 1784 le nom de Sévastopol.

Baluklava, port dont l'entrée est maintenant interdite à tous bateaux ou batimens de quelque nation qu'ils puissent être, est à 15 verstes au S. 1/4 S. E. de Sévastopol. Cette ville étoit riche autrefois, par le commerce; elle est pauvre aujourd'hui, et habitée par un bataillon d'Albanais qui ont succédé aux Tartares qui ont été chassés.

Jouannin regagne enfin son poste :

Le 28 pluviôse, je m'embarquai sur le transport russe le *St Grégoire*, portant des troupes destinées pour Corfou: je n'eus qu'à me louer beaucoup du capitaine, nommé le Major Paléologue, Grec de naissance. Après une heureuse traversée nous mouillâmes le 2 ventôse à l'entrée du Canal de la Mer Noire, et je vins aussitôt à Constantinople, où je rendis compte à S. E. Monsieur le Maréchal Brune de la mission dont il avait bien voulu m'honorer.

À son mémoire il a joint trois cartes, l'une de Sinope, la seconde de Platana, la troisième d'Amastris[1]; il ajoute que :

Il m'est impossible de donner dans ce moment d'autres dessins qui ont été faits par moi-même sur les lieux. Je les ferai accompagner la carte de la Mer Noire, que je devrai incessamment mettre sous les yeux de Son Excellence M. l'Ambassadeur Brune.

Il a soin de donner des listes de distances que nous reproduisons, en les comparant, comme le suggère Jouannin lui-même, avec celles que l'astronome Beauchamp a consignées dans son mémoire expédié au Ministre des Relations extérieures au commencement de l'an VI. (Voir le tableau des distances, p. 339.)

Enfin le voyageur termine sa relation en s'excusant de ses imperfections :

La jeunesse du soussigné excitera pour lui l'indulgence de ceux qui voudront bien parcourir ce mémoire. Si mes vœux eussent pu être accomplis, et si je n'eusse pas

[1] Nous reproduisons quatre dessins ou cartes d'après les originaux (les seuls que nous possédions) de Jouannin.

DISTANCES QUI M'ONT ÉTÉ DONNÉES PAR MÉHÉMET RÉÏA DE TRÉBISONDE.	MILLES.	DISTANCES QUI M'ONT ÉTÉ DONNÉES PAR LE PILOTE JANI DE CÉRASONTE.	MILLES.	DISTANCES DONNÉES À BEAUCHAMP PAR DIFFÉRENTS PATRONS DE BARQUE.	MILLES.
De Trébisonde à Platana	9	De Trébisonde à Platana	100	De Trébizonde à Irizèh	60
De Platana à Eski Kalea	6	De Platana à Joros	9	D'Irizèh à Gounièh	70
D'Eski Kalea à Joros	4	De Joros au cap Ghieurlè	18	De Gounièh à Batoumi	20 à 25
De Joros à Buyuk-liman	18	De Ghieurlè à Buyuk-liman	6	De Batoumi à Fats (Phase)	50
De Buyuk-liman à Tribouli	36	De Buyuk-liman à Triboli	30	De Trébizonde au cap Joros	25
De Tribouli à Zefrèh	12	De Triboli à Zefrèh	12	Du cap Joros à Buyuk-liman	18
De Zefrèh à Cérasonte	18	De Zefrèh à Cérasonte	25	Du cap Joros au cap Kerehu	25
De Cérasonte à Vona	60	De Cérasonte à Vona	50	De Trébizonde au cap Vona	170
De Vona à Uniè	40	De Vona à Jassoun	10	Du cap Vona au cap Yassoun	16
D'Uniè à Termè	18	De Jassoun à Fatsah	25	Du cap Yassoun à Fatsab	25
De Termè à Samsoun	50	De Fatsah à Uniè	25	De Fatsah à Uniéh	20
De Samsoun à Kum-gighas	18	D'Uniè à Termè	25	D'Uniéh au cap Therméh (rivière)	25
De Kum-gighas à Ghierzè	80	De Termè à Samsoun	60	D'Uniéh à Samsoun	75
De Ghierzè à Sinope	18	De Samsoun à Kum-gighas	18	De Samsoun à Sinapa	125
De Sinope à Indjè	12	De Kum-gighas à Ghierzè	70	De Gueurzéh à Sinapa	18
D'Indjè à Ineboli	100	De Ghierzè à Sinope	18	De Sinapa à Ak-liman depuis la partie	
D'Ineboli à Amassera	100	De Cérasonte à Aptal	25	nord du château	9
D'Amassera à Héraclée	100	D'Aptal à Dournazsoui	32	La presqu'île de Sinope a de tour	16
D'Héraclée à Kefken	100	De Dournazsoui à Aïvadyl	9	De Sinapa au cap Injèh	20 à 25
De Kefken au canal	83			De Sinapa à Istifane	50
Le canal entier	20			De Sinapa à Ineboli	100
				D'Ineboli à Inichi	16
				D'Inéboli à Kerempéh	27
De Trébizonde à Rizé	60			Du cap Kerempèh à Ghydros	28
De Rizé à Gounié	100			De Ghydros à Amassero (Amastro)	36
De Gounié au Fase	100			D'Amassero à Eregri (Héraclée du Pont)	100
				D'Amassero à l'embouchure de la rivière de Partine	18
				De l'embouchure de cette rivière au village de Partine	18
				De la rivière de Partine à Filos	18
				Du cap Kilimili à Eregri	45
				D'Eregri au port Kefken	100
				De Kefken à l'embouchure du canal	83
				De l'embouchure du canal à Constantinople	15

trouvé d'entraves dans l'exécution des projets qui m'avaient été confiés, je pourrais cependant, malgré mes faibles moyens et mon inexpérience, offrir quelques résultats bien plus intéressants que ceux que je donne aujourd'hui.

L'année même de son retour à Constantinople, en septembre 1804, Jouannin fut nommé Jeune de langues de première classe aux appointements de 1,800 francs. Ayant fait une étude spéciale de la langue persane, vers la fin de 1805, il fut expédié en Perse avec le chancelier-interprète de la mission de France à la cour de Tehràn[1]. Il arriva à la frontière persane en septembre, et le 13 octobre il était présenté au prince Abbas Mirza. Il atteignit Tehràn le 7 novembre 1816, où il résida seul comme agent de France auprès du roi de Perse jusqu'au 22 mai 1807, époque à laquelle il fut mis sous les ordres de M. DE LA BLANCHE, premier secrétaire de l'ambassade à Constantinople, chargé d'une mission qui finit le 7 novembre suivant.

Le 15 mai de la même année, lors de la formation de l'ambassade du général GARDANE, Jouannin fut nommé premier drogman de cette légation[2]; le 20 décembre, le roi de Perse, Feth-Ali Châh, le décora de l'ordre du Soleil de seconde classe, en témoignage de sa satisfaction, et en mai 1808, Sa Hautesse lui délivra le diplôme de Mirza, titre qui l'admettait au nombre des lettrés de l'Empire.

Le 13 février 1809, le général Gardane[3], retournant en France, remit à Jouannin la gestion des affaires de la légation, fonction que

[1] Au traitement supplémentaire de 4,500 francs cumulé avec celui de Jeune de langues; ensemble 6,300 francs. (Décret du 30 juillet 1806.)

[2] Avec 6,000 francs d'appointements. (Décret daté de Finckenstein, le 15 mai 1807.)

Voir l'état des personnes composant cette légation, p. 103 de : *Mission du général Gardane en Perse sous le premier Empire.* — Documents historiques publiés par son fils le c^te^ Alfred de Gardane. — Paris, Ad. Lainé, 1865, in-8°.

Le 4 mai 1807, un traité avait été signé à Finckestein, entre la France et la Perse, à la suite duquel le général Gardane fut envoyé en mission dans ce dernier pays.

[3] Le comte Mathieu-Claude de GARDANE, né à Marseille le 11 juillet 1766; mort le 23 juillet 1818.

ce dernier remplit à Tehràn et à Tauris, au milieu de dangers de toute espèce, jusqu'au 27 janvier 1810, jour de sa sortie du territoire persan [1].

Revenu à Paris, en juin 1810, Jouannin ne tarda pas à obtenir, pour utiliser le temps de son inactivité, l'autorisation de se rendre à Vienne [2], où l'attendait l'Ambassadeur de France, OTTO [3]. Il partit pour cette capitale avec des dépêches du Gouvernement et une recommandation pressante du Ministre des Affaires étrangères, CHAMPAGNY, duc DE CADORE [4], en date du 26 février 1811. Depuis le 7 mars de cette année jusqu'au 6 juin 1812, Jouannin, attaché à l'ambassade de France à Vienne, y remplit les fonctions de second secrétaire d'ambassade, en l'absence du titulaire; et M. le comte Otto demanda, par sa lettre du 6 août 1811, qu'il fût nommé à cette place, en récompense de ses services et de son zèle, dont cet Ambassadeur rendait un témoignage avantageux.

Jouannin fut expédié, le 6 juin 1812, avec d'importantes dépêches pour le quartier général qu'il suivit jusqu'à Gumbinnen, et de là à Prague. De retour à Vilna, le Ministre des Affaires étrangères le nomma vice-consul à Memel [5], Prusse orientale, où il résida jusqu'à l'évacuation du pays par les armées françaises. À l'ouverture de la campagne de 1813, dans laquelle il fut appelé à suivre le Ministre des Affaires étrangères [6], celui-ci lui confia la caisse de voyage du Département; tâche qu'il accomplit d'une manière satisfaisante. À la

[1] Il lui fut alloué pour cette gestion un traitement supplémentaire, sur le pied de 30,000 francs par an. (Lettre ministérielle du 30 août 1810.)

[2] Lettre ministérielle du 2 novembre 1810.

[3] Louis-Guillaume OTTO, comte DE MOSLOY, né à Kork, bailliage de Wilstadt, grand duché de Bade, en 1754; mort à Paris, 9 novembre 1817.

[4] Jean-Baptiste Nompère, comte DE CHAMPAGNY, duc DE CADORE, ministre des Affaires étrangères, du 8 août 1807, à la place de Talleyrand, au 16 avril 1811, remplacé par Maret.

[5] Lettre du 6 août 1812; à ce titre, il touchait 8,000 francs d'appointements.

[6] Hugues-Bernard MARET, duc DE BASSANO, fut Ministre des Affaires étrangères du 17 avril 1811 (à la place de Champagny) au 19 novembre 1813, remplacé par Caulaincourt, duc de Vicence (20 nov. 1813-2 avril 1814).

suite de cette campagne, Jouannin fut admis au nombre des employés de l'Administration centrale du Ministère en qualité de secrétaire-interprète pour les langues orientales [1].

À l'époque de la Restauration, Jouannin fut autorisé par le comte DE LA FOREST [2], Commissaire provisoire pour le Département des Affaires étrangères, à suivre le Commissaire extraordinaire du Roi dans la 21e division militaire (26 avril 1814). Une ordonnance du Roi, en date du 29 mai suivant, le nomma secrétaire de cette Commission [3]. Revenu à Paris à la fin de juin, il fut compris dans la nouvelle organisation du Ministère des Affaires étrangères, comme *archiviste* de la Division politique du Midi [4].

En mai 1816, à l'arrivée d'un envoyé de la cour de Perse, chargé de lettres du Chah et du Prince royal pour féliciter Louis XVIII de l'heureuse restauration de sa couronne, le duc de Richelieu [5] confia à Jouannin le soin de ce diplomate pendant son séjour à Paris, d'où il partit à la fin de septembre. Dans cet intervalle, une lettre ministérielle du 21 août avait mis Jouannin à la disposition de l'ambassade du Roi [6] à Constantinople, et il fut nommé par ordonnance royale, en date du 4 septembre, second drogman de cette ambassade [7].

De retour à Constantinople, le 20 janvier 1817, Jouannin eut à remplir immédiatement les fonctions de premier drogman, jusqu'à sa nomination d'interprète de première classe [8]. Le 27 no-

[1] Avec un traitement temporaire de 4,000 francs.

[2] Le 3 avril 1814, le *Gouvernement provisoire* nomma *Commissaire aux Affaires étrangères* le comte Antoine-René-Charles-Mathurin DE LA FOREST, ambassadeur, qui en a rempli les fonctions jusqu'au 13 mai suivant, date de l'ordonnance royale qui confia le *Ministère des Affaires étrangères* au prince de Talleyrand.

[3] Avec 6,000 francs d'appointements.

[4] Ministère de l'Intérieur.

[5] Le duc de Richelieu fut Ministre des Affaires étrangères du 24 septembre 1816 au 28 décembre 1818.

[6] Le lieutenant général, comte Antoine-François ANDREOSSY, né à Castelnaudary le 6 mars 1761, mort le 10 septembre 1828, à Montauban.

[7] Avec 9,000 francs d'appointements, dont il jouit à partir du 1er juillet 1816. (Lettre ministérielle du 11 septembre.)

[8] Avec un traitement de 12,000 francs. (Ordonnance du 26 octobre 1819.)

vembre 1822, le marquis DE LATOUR-MAUBOURG[1] lui confia provisoirement la direction de l'École royale des Jeunes de langues, qu'il conserva jusqu'à sa nomination de secrétaire-interprète du Roi et son rappel à Paris.

Nommé chevalier de la Légion d'honneur en avril 1824, Jouannin fut reçu par le général comte GUILLEMINOT[2], notre ambassadeur à Constantinople, qui, dans l'automne de 1825, le chargea de reconnaissances intéressantes dans l'ancienne Bithynie; cette excursion, qui n'était pas sans dangers, réussit pleinement. Jouannin a lu le 3 avril 1829 des souvenirs[3] de ce voyage à la Société de géographie, dont il a été reçu membre dans la séance du 5 mai 1826. D'ailleurs, lorsque Jouannin eut été nommé secrétaire-interprète adjoint du Roi, par ordonnance du mois d'août 1826[4], il prit une part active aux travaux de cette Société, dont il fut, le 27 mars 1829, élu membre de la Commission centrale. Dans la séance du 16 octobre 1829, il lut un rapport sur une carte d'une partie de la Bithynie, adressée à la Société par M. DE HAMMER, dans lequel il adoptait les observations de M. LAPIE, ainsi que les changements et additions que ce géographe avait cru indispensable d'indiquer sur cette carte. La Commission décida qu'une copie de ce rapport serait transmise à M. de Hammer[5]. Dans sa séance du 18 décembre 1829, la Commission centrale

(1) Just Pons Florimond de Fay, marquis DE LATOUR-MAUBOURG, né le 9 octobre 1781; ambassadeur à Constantinople depuis le 19 juillet 1820; mort à Rome le 24 mai 1837.

(2) Armand Charles, comte GUILLEMINOT, lieutenant-général, né à Dunkerque, le 2 mars 1774, mort à Bade en mars 1840.

(3) *Souvenirs d'un séjour à Brousse en Bithynie, dans l'année 1825.* Extrait d'un voyage inédit, lu à la Société de géographie, le 3 avril 1829. (*Bull. Soc. Géog.*, XI, 1829, pp. 288-301.)

Souvenir d'un séjour à Brousse en Bithynie. Extrait du *Bulletin de la Société de géographie*, n° 74 (juin 1829); in-8°, p. 16.

Souvenir d'un séjour à Brousse en Bithynie, dans l'année 1825. Extrait du *Bulletin de la Société de géographie*, n° 74 (juin 1829); br. in-8°, p. 16.

Édition différente de la précédente.

(4) Avec 10,000 francs d'appointements. — J'ai donné le *cursus vitae* de Jouannin d'après l'état des services du 27 octobre 1802 jusqu'au 30 avril 1828 rédigé par lui le 6 avril 1824 et le 1er mai 1828, en conformité de la circulaire du Ministre des Affaires étrangères du 7 janvier 1824.

(5) *Bulletin de la Société de géographie*, XII, 1829, p. 219.

de la Société de géographie, renouvelant son bureau, nommai président le lieutenant général HAXO, vice-présidents, JOMARD et le chevalier BONNE, secrétaire général, JOUANNIN, à la place de M. DE LARENAUDIÈRE, démissionnaire, qui avait lui-même succédé à MALTE-BRUN et à ROUX DE ROCHELLE. Le dimanche 15 août 1830 les généraux Haxo et Saint-Cyr-Nugues, MM. Vauvilliers et Jouannin, de la Commission centrale de la Société de géographie, furent présentés au Roi et à la famille royale et demandèrent au nouveau souverain sa protection pour des travaux qui lui avaient paru dignes de sa sollicitude comme duc d'Orléans[1]. En sa qualité de secrétaire général, Jouannin lut deux années de suite la *Notice annuelle sur les travaux de la Société de géographie*[2]. Le 2 décembre 1831, il était remplacé comme secrétaire par Alexandre BARBIÉ DU BOCAGE, tout en continuant à faire partie de la Commission centrale dans la Section de correspondance.

L'année même de la nomination de Jouannin comme premier secrétaire-interprète adjoint du Roi, à Paris, 1826, l'École des Jeunes de langues, qui avait été reconstituée l'an X comme nous l'avons vu, perdit son directeur, M. DE CHAYOLLE; l'instituteur de l'École, « Jean-Baptiste SIMON, ancien docteur en droit de l'Université de Paris, commissaire de police à Gisors en 1790, employé au Comité de salut public en l'an II, puis aux Relations extérieures en l'an III, et nommé maître de Jeunes de langues le 1er vendémiaire an VI »[3], ayant pris sa retraite, l'École subit une modification complète; sur la demande de M. LABORIE, proviseur de Louis-le-Grand, les Jeunes de langues furent répartis dans les différents quartiers du Collège. M. Jouannin, premier interprète du Roi pour les langues orientales, fut nommé directeur.

(1) *Bulletin de la Société de géographie*, XIV, 1830, p. 133.

(2) *Notice annuelle sur les travaux de la Société de géographie, pendant l'année 1829-1830*, par M. JOUANNIN, secrétaire général de la Commission centrale, in-8°, pp. 24. — *Notice annuelle sur les travaux de la Société de géographie pendant l'année 1830-1831*, par M. JOUANNIN, secrétaire général de la Commission centrale (*Bull. Soc. géog.*, nos 103 et 104; Nov. et déc. 1831, pp. 226-248).

(3) MASSON, pp. 110-111.

Cette mesure était conseillée par l'intérêt du bon ordre et de la discipline; c'est le motif qui la fit adopter. Néanmoins l'École des Jeunes de langues demeura un établissement à part dans le Collège de Louis-le-Grand, et conserva toujours les privilèges attachés à sa fondation[1].

Jouannin, d'après le discours prononcé à ses obsèques le 2 février 1844, paraît avoir apporté tout son zèle à sa tâche nouvelle :

> ..... son dévouement tout paternel pour les jeunes élèves confiés à ses leçons, et dont il s'était fait une véritable famille, à l'École royale des Jeunes de langues établie au Collège de Louis-le-Grand, école réorganisée, ou, pour mieux dire, recréée par Jouannin, et qui doit à la constance des soins de son restaurateur, et son nouvel éclat, et l'utilité immense qui la distingue si éminemment aujourd'hui.

Le Roi ayant décidé que par suite des réductions opérées sur le budget des Affaires étrangères, il n'y aurait plus à Paris qu'un premier drogman pour les langues orientales, Jouannin avait été désigné seul pour ces fonctions, son collègue Kieffer, qui portait également le titre de directeur du Collège des enfants de Langues, ayant été admis à la retraite. La nomination de Jouannin comme premier secrétaire-interprète du Roi pour les langues orientales à Paris est du 23 septembre 1829; il conservait d'ailleurs les mêmes appointements[2].

La situation de Jouannin était alors fort précaire; veuf (il avait perdu sa femme le 1er avril 1823), il avait à élever cinq enfants en bas âge; il obtint que son fils Charles, en novembre 1826, fût admis au Collège Louis-le-Grand en qualité de Jeune de langues; sa correspondance privée montre que ses embarras financiers étaient considé-

[1] Emond, pp. 384-385. — *Histoire du Collège Louis-le-Grand, ancien Collège des Jésuites à Paris, depuis sa fondation jusqu'en 1830*, par G. Emond, censeur émérite des élèves au Collège Louis-le-Grand; Paris, Durand, 1845, in-8°, pp. IV-435 plus une page non chiffrée.

[2] 10,000 francs.

rables. Il demanda vainement d'être renvoyé en Perse. Ses connaissances linguistiques étaient étendues :

Je possède, écrit-il au Ministre des Affaires étrangères de Constantinople, le 6 avril 1824, les langues italienne, turque et persane, avec ce qu'il importe de connaître d'arabe pour ces deux langues, — j'en fais ici un usage journalier. — Je lis aussi l'anglais, et je sais également un peu d'allemand et de grec moderne.

Le statut des interprètes et des Jeunes de langues fut réglé par le titre IV de l'Ordonnance du Roi sur le personnel des consulats du 20 août 1833, que je crois utile de reproduire ici :

TITRE IV.

Des secrétaires interprètes du Roi pour les langues orientales et des drogmans.

23. Les secrétaires-interprètes et les drogmans seront nommés par nous, sur la présentation de notre ministre secrétaire d'Etat des affaires étrangères.

24. Les places de secrétaires-interprètes du Roi pour les langues orientales sont fixées à trois, et l'un de ces officiers portera le titre de premier secrétaire-interprète du Roi.

Ils seront choisis parmi les drogmans du Levant et de Barbarie.

25. Nous nous réservons d'accorder le titre de secrétaire-interprète du Roi, avec l'augmentation de traitement qui s'y trouve attachée, à chacun des deux drogmans qui se seront le plus distingués dans leur emploi, et après dix années au moins de services effectifs dans les échelles.

Ce titre de secrétaire-interprète du Roi, et cette augmentation de traitement, ne pourront être accordés ni conservés qu'aux drogmans en activité.

26. Le nombre et la résidence des drogmans seront fixés par des ordonnances spéciales, suivant les besoins du service.

27. Les drogmans seront choisis parmi les élèves-drogmans employés en Levant.

28. Les élèves-drogmans seront nommés, par arrêté de notre ministre secrétaire d'État des Affaires étrangères, parmi les élèves de l'École des langues orientales à Paris, dite *des Jeunes de Langues.*

29. Les jeunes de langues seront nommés par arrêté de notre ministre secrétaire d'État des affaires étrangères, et choisis principalement parmi les fils et petits-fils, ou, à défaut de ceux-ci, parmi les neveux des secrétaires-interprètes du Roi et des drogmans. Ils ne pourront être admis que depuis l'âge de huit ans jusqu'à l'âge de douze ans.

30. Les élèves-drogmans et les jeunes de langues pourront être révoqués ou rendus à leur famille, par arrêté spécial de notre ministre secrétaire d'État au département des Affaires étrangères, pour cause d'inconduite ou d'inaptitude.

31. Le nombre total des élèves-drogmans employés en Levant, et des jeunes de langues entretenus à Paris, n'excédera pas celui de douze.

32. Il est interdit aux drogmans de visiter les autorités du pays sans les ordres ou la permission de l'ambassadeur ou des consuls.

33. Il leur est également interdit de prêter leur ministère dans les affaires des particuliers sans en avoir été requis par eux, et sans y être autorisés par l'ambassadeur ou les consuls.

Jouannin est mort à Paris le mercredi 31 janvier 1844, rue du Bac, 40, et ses obsèques eurent lieu le vendredi 2 février, en l'église Saint-Thomas-d'Aquin; sur la tombe un discours fut prononcé par un de ses amis, M. J.-J. Marcel[1].

[1] Discours prononcé le 2 février 1844, aux obsèques de M. Jouannin (Joseph-Marie), premier secrétaire-interprète du Roi pour les langues orientales, Directeur et Professeur de l'École des Jeunes de langues, Chevalier de la Légion d'Honneur, du Soleil de Perse, et du Nichân-Iftikar, etc.; pièce in-8°, p. 4 (chiff. 35-38), s. l. n. d. [Paris, Dondey-Dupré, 1844.]

Dans un recueil de pièces fait par Jouannin lui-même dont il porte l'*ex-libris* (une simple étiquette), se trouve intercalée la lettre suivante :

J'ai lu avec plaisir, Monsieur, les deux fragments que vous avez eu la bonté de m'adresser en me renvoyant le premier volume des œuvres de Henri Cochin : il me serait impossible de juger par les deux pièces fugitives du talent et des ressources que vous pouvez avoir pour écrire sur l'histoire ou sur les affaires actuelles des empires d'Orient. Ce que j'ai lu est l'expression d'une joie douce, d'une âme pure et affectueuse, — d'une âme pacifique et de bon vouloir; faites goûter à cette âme les charmes de l'étude, et d'un demi-repos philosophique; travaillez, réfléchissez, prenez le tems; les choses durables veulent être lentement faites, et nous ne vivons qu'un jour.

Veuillez agréer mes très humbles civilités.

COCHIN.

X^{bre} 1833.

En dehors de sa collaboration au *Bulletin de la Société de géographie*[1] et au *Complément du Dictionnaire de l'Académie française* publié par F. Didot, Jouannin a produit peu de travaux; nous les citons en notes[2]; il a annoté quelques ouvrages sur la Turquie et sur la Perse par son ancien chef à Constantinople, Andréossy[3], par Dupré, par Tancoigne.

Jouannin avait un frère, qui a laissé quelques publications sur les monnaies[4].

[1] Voir: *Souvenirs de Brousse*, *supra;* et analyse de l'*Esquisse de l'État d'Alger* par Williams Shaler, traduit par X. Bianchi, *Bull. Soc. Géog.*, juin 1830, pp. 261-267.

[2] Deux odes mystiques, composées par Séid Ahmed Hatif, d'Ispahan, et traduites du persan par J. M. J. (Extrait du *Journal asiatique*, n° 66, décembre 1827.) Paris, Dondey-Dupré, MDCCCXXVIII, in-8°, p. 16.

Ces deux morceaux de poésie persane avaient déjà été publiés, au commencement de 1812, dans les *Mines de l'Orient;* c'est une nouvelle édition, revue et corrigée.

Signé : J.-M. Jouannin, premier secrét.-interprète adj. du Roi pour les langues orientales, etc. Paris, le 10 décembre 1827.

Turquie, par M. J^h^-M^ie^ Jouannin, premier secrétaire-interprète du Roi pour les langues orientales, et par M. Jules van Gaver. Paris, Firmin-Didot frères, ... MDCCCXL, in-8°, p. 462, plus 1 f. n. ch., plus 96 pl., plus 1 carte.

Firmin Didot frères, MDCCCLIII, in-8°, p. 462, plus 1 f. n. ch., plus 96 pl. et 1 carte. — Fait partie de la collection: *L'Univers.* — *Histoire et Description de tous les Peuples.*

Lettre de Sultan Suleyman el Kanouni (le législateur) à François Ier, pendant sa captivité à Madrid (février 1526), traduite par M. Jouannin, premier secrétaire-interprète du Roi, in-8°, p. 14.

Au bas de la dernière page : Imprimerie de Firmin Didot frères.

Il existe un portrait de Jouannin que me signale obligeamment M. Auguste Boppe par l'intermédiaire de M. A. Tausserat-Radel, gravé par Louis Dupré : Cabinets des estampes : œuvre de Louis Dupré, D. C. 227.

J^h^-M^ie^ Jouannin,
1er Secrétaire interprète du Roi.
Lithographié par Lemercier.
[Dans le coin à droite l'inscription :]
A un Turcophile,
par un Philellène son ami, L. Dupré, 1829.

[3] *Constantinople et le Bosphore de Thrace pendant les années 1812, 1813 et 1814, et pendant l'année 1826*, avec un Atlas composé de six planches gravées, et de quatre paysages lithographiés, par M. le Comte Andreossy, Lieutenant général d'Artillerie, ancien Ambassadeur de France à Londres, à Vienne et à Constantinople, de l'Institut d'Égypte et de celui de France (Académie des Sciences), Membre de la Chambre des Députés, etc., Paris, Théophile Barrois [et] Benj. Duprat ..... MDCCCXXVIII, in-8°, p. xliij-523.

[4] *Des Monnaies considérées comme faisant partie du système métrique, et devant exercer une grande influence sur l'adoption définitive de la division décimale des Poids et des Mesures, telle qu'elle a été établie par la loi du 18 germinal an III.* Par J.-B.-F.-R. Jouannin, Membre de la Société libre d'émulation de Rouen. Rouen, F. Baudry, 1834, gr. in-8°, p. 15.

Des Monnaies considérées comme faisant partie du système métrique, et devant exercer une grande influence sur l'adoption définitive de la division décimale des Poids et des Mesures, telle

Antoine-Jérôme DESGRANGES aîné succéda à Jouannin dans l'administration de l'École des Jeunes de langues en février 1844; admis à la retraite le 4 février 1857, il est mort à Paris en octobre 1864 (1).

Le dernier administrateur de l'École des Jeunes de langues fut Jean-Baptiste-Florimond d'Agnese LAPIERRE, nommé Secrétaire-Interprète pour les langues orientales le 10 mai 1854. — Il remplaça Desgranges comme administrateur de l'École des Jeunes de langues le 10 juin 1857; admis à la retraite le 10 mars 1882, il est mort à Paris le 2 juin 1898 (2).

Ce ne fut qu'en 1873 que l'on renonça définitivement à l'École des « Jeunes de langues »; depuis lors, le stage que les Jeunes de langues étaient appelés à faire dans les postes diplomatiques et consulaires a été, à leur sortie du lycée Louis-le-Grand, remplacé par l'obligation de suivre les cours de l'École des langues orientales vivantes; ils sont ensuite nommés, au fur et à mesure des vacances, drogmans sans résidence fixe au Levant, ou élèves-interprètes dans l'Extrême-Orient.

Ce grade est également accordé aux élèves libres de la même École munis de diplômes, et, en certains cas, aux drogmans auxiliaires. Il

qu'elle a été établie par la loi du 18 germinal an III; et Objections contre la réduction du poids des Monnaies de cuivre. Par J.-B.-F.-R. Jouannin, Membre de la Société libre d'émulation de Rouen, Rouen, F. Baudry, 1836, br. in-8°, p. 15.

Proposition faite à la Société libre d'émulation de Rouen, dans sa séance du 1er décembre 1837, concernant la réformation de la loi du 7 germinal an XI, sur la fabrication et la vérification des monnaies. Par J.-B.-F.-R. Jouannin, Membre de la Société libre d'émulation de Rouen; s. l. n. d. [Rouen, 1838], gr. in-8°, p. 35.

(1) Antoine-Jérôme DESGRANGES aîné, né à Paris le 24 décembre 1784; Jeune de Langues, novembre 1793; de première classe à Constantinople le 22 décembre 1802; consul provisoire à Bassorah, le 27 novembre 1808; deuxième Secrétaire-Interprète à Paris, le 13 décembre 1811; chevalier de la Légion d'honneur, le 22 mai 1815; premier drogman à Alexandrie, le 22 juin 1826; Secrétaire-Interprète à Paris, le 23 septembre 1829.

(2) LAPIERRE avait été nommé élève-drogman, le 30 septembre 1833; drogman, le 14 mars 1839; troisième drogman à Smyrne, le 5 novembre 1839; à Constantinople, le 7 juin 1843; deuxième drogman, le 12 décembre 1845; il demeurait comme un reclus rue d'Alger, à Paris.

en est à peu près de même pour l'interprétariat, sous des dénominations différentes [1].

L'École des Jeunes de langues avait vécu, mais les Jeunes de langues, dispersés dans différents établissements d'enseignement secondaire de Paris ou de province, existent encore; leur point commun de ralliement est l'École des langues orientales, où le Ministère des Affaires étrangères se fait représenter par un délégué à leurs examens. Depuis la mort (12 décembre 1889) du savant PAVET DE COURTEILLE, membre de l'Institut, qui appartenait à l'ancien régime, et qui donnait des leçons de turc aux Jeunes de langues au lycée Louis-le-Grand, ces délégués ont été MM. Auguste-Louis-Fridolphe BARRÉ DE LANCY, Marie-Félix-Eugène HELOUIS, Arthur-Denis-Anatole ALRIC, et depuis le 10 octobre 1898, Clément IMBAULT-HUART.

[1] Organisation du corps des drogmans et interprètes (Décret du 18 septembre 1880). C. de FREYCINET, Président du Conseil, Ministre des Affaires étrangères.

www.ingramcontent.com/pod-product-compliance
Ingram Content Group UK Ltd.
Pitfield, Milton Keynes, MK11 3LW, UK
UKHW022120190726
13855UKWH00003B/969

9 782012 871205